河北乳品产业集群品牌

高军花　李　薇◎主编

中国农业科学技术出版社

图书在版编目（CIP）数据

河北乳品产业集群品牌 / 高军花, 李薇主编. -- 北京：中国农业科学技术出版社, 2022.11

ISBN 978-7-5116-6082-4

Ⅰ. ①河… Ⅱ. ①高… ②李… Ⅲ. ①乳品工业—产业集群—品牌战略—研究—河北 Ⅳ. ①F426.82

中国版本图书馆CIP数据核字(2022)第241027号

责任编辑　张志花
责任校对　王　彦
责任印制　姜义伟　王思文

出 版 者　中国农业科学技术出版社
　　　　　北京市中关村南大街12号　邮编：100081
电　　话　（010）82106636（编辑室）（010）82109702（发行部）
　　　　　（010）82109709（读者服务部）
网　　址　https://castp.caas.cn
经 销 者　各地新华书店
印 刷 者　北京地大彩印有限公司
开　　本　210mmx285mm　1/16
印　　张　6.75
字　　数　150千字
版　　次　2022年11月第1版　2022年11月第1次印刷
定　　价　58.00元

《河北乳品产业集群品牌》

编 委 会

前言

近年来，乳制品行业的升级步伐不断加快，消费者需求也在不断升级，尤其在新冠肺炎疫情常态化背景下，大众对健康的需求不断增长，对乳制品也提出了更高的要求。作为乳业大省，河北的乳制品产量连续全国领先，全省高度重视奶业发展，以创新为抓手，打造奶业优质品牌，为中国奶业振兴贡献力量。

中共中央、国务院连续发布中央一号文件，对新发展阶段优先发展农业农村、全面推进乡村振兴做出总体部署，为做好当前和今后一个时期“三农”工作指明了方向。大力支持奶农发展乳制品加工，推进一、二、三产业融合发展，鼓励奶牛养殖向乳制品加工流通全面拓展，让奶农更多分享增值收益。加大金融信贷支持、用地用电保障和政策扶持力度，支持具备条件的奶牛养殖场、合作社建设乳品加工厂，形成一批区域特色小型乳品加工企业，推行生产加工销售一体化，满足高品质、差异化、个性化需求。利用国家相关政策对新建特色、小型乳品加工厂给予支持。

河北省高度重视奶业发展，相继出台了《河北省奶业振兴规划纲要（2019—2025 年）》《河北省人民政府关于加快推进奶业振兴的实施意见》《河北省人民政府办公厅关于进一步强化奶业振兴支持政策的通知》等一系列政策措施，为加快奶业振兴步伐，经省政府同意，在“加快奶牛种业发展”“提升奶源基地建设水平”“扩大乳制品加工消费”“强化金融政策支持”等方面进一步强化奶业扶持政策。截至目前，全省拥有乳制品企业46家，其中规模以上企业34家，基本实现固态、液态、冷鲜等品种全覆盖。2021年，河北省规模以上乳品企业超额完成营业收入，乳制品产量保持国内首位，婴幼儿配方奶粉产销量持续增长。

河北省乳品企业众多，龙头企业比比皆是。做大做强河北奶业，做模范中国品质牛奶。为推进河北乳品集群品牌的整体发展，要以龙头企业建造的品牌为引导，做河北省乳品品牌战略集群，从奶牛品种引进、奶牛养殖、乳品加工、品牌塑造、产品销售做整体战略部署，加快河北奶业振兴、品牌振兴。

目 录

河北乳品产业集群
品牌传播口号

HEBEI DAIRY INDUSTRY CLUSTER BRAND SLOGAN

河北牛奶，乳此多娇

河北乳品产业集群品牌传播口号

HEBEI DAIRY INDUSTRY CLUSTER BRAND SLOGAN

河北牛奶 乳此多娇

释义："乳此多娇"中"乳"即牛奶的意思，"娇"即柔美、娇美、可爱的意思，也意指口感醇美。

"河北牛奶，乳此多娇"意在凸显河北牛奶的品质优良。

河北省奶业发展规划政策

HEBEI PROVINCE DAIRY INDUSTRY DEVELOPMENT PLANNING POLICY

中共河北省委办公厅　河北省人民政府办公厅
关于印发《河北省奶业振兴规划纲要
（2019—2025年）》的通知

河北省奶业振兴规划纲要（2019—2025年）

河北省人民政府关于加快推进奶业振兴的实施意见

河北省新闻办解读《河北省奶业振兴规划纲要（2019—2025年）》

河北省人民政府办公厅
关于进一步强化奶业振兴支持政策的通知

河北省奶业竞争力提升行动方案

河北省进一步促进奶业振兴新闻发布稿

中共河北省委办公厅
河北省人民政府办公厅
关于印发《河北省奶业振兴规划纲要（2019—2025年）》的通知

冀办〔2019〕21号

各市（含定州、辛集市），县（市、区）党委和人民政府，雄安新区党工委和管委会，省直有关部门，各人民团体：

《河北省奶业振兴规划纲要（2019—2025年）》已经省委、省政府同意，现印发给你们，请结合实际认真贯彻落实。

各地各有关部门要提高政治站位，充分认识奶业振兴的重要意义，把奶业振兴作为贯彻以人民为中心的发展思想的具体体现，作为增强“四个意识”、坚定“四个自信”、做到“两个维护”的现实检验，作为落实党中央、国务院和省委、省政府重大决策部署的实际行动，以强烈的责任感、使命感和紧迫感全力推动，努力实现奶业振兴目标。要对标国际先进水平，按照打造“四个世界一流”（奶源基地世界一流、乳品加工企业世界一流、乳品品质世界一流、乳品品牌世界一流）的要求，找准本地奶业在高质量发展方面存在的差距，按照《河北省奶业振兴规划纲要（2019—2025年）》分解的任务，深入研究、周密部署，明确发展重点，制定年度实施方案，细化任务目标，实化工作举措，确保各项目标措施真正落到实处。

中共河北省委办公厅
河北省人民政府办公厅
2019年4月3日

河北省奶业振兴规划纲要(2019—2025年)

为认真贯彻落实习近平总书记对河北奶业发展做出的一系列重要指示精神，积极落实国务院办公厅《关于推进奶业振兴保障乳品质量安全的意见》(国办发〔2018〕43 号)、省部《共建奶业振兴示范省战略合作协议》和省委、省政府《关于全面推进高质量发展的决定》(冀发〔2017〕37 号)等部署，促进我省奶业高质量发展，提升奶业竞争力，全面建成奶业振兴示范省，制定本规划纲要。

一、发展优势

(一) 奶业发展区位独特、条件优越

我省地处北纬 36°～ 42°，属于国际公认的黄金奶源带，气候条件适宜奶牛养殖。全省草原面积 4266 万亩，全株玉米种植 203 万亩，年产风干牧草 722 万吨，全株玉米青贮 560 万吨，饲草饲料资源充足丰富。毗邻京津，交通便利，物流通畅，京津冀协同发展、雄安新区规划建设和 2022 年北京冬奥会筹办等国家重大战略与国家大事的实施，为奶业发展提供了历史机遇和强大动力。

(二) 奶业发展基础雄厚、优势明显

2017年全省奶类产量388万吨，居全国第3位；规模化奶牛养殖场（区）1070个，300头以上奶牛存栏比例占98%以上，高于全国平均水平40个百分点；乳制品加工企业43家，年产量373万吨，位居全国第1位；婴幼儿乳粉产量3.4万吨，同比增长50%，增速全国第一；生鲜乳质量达到发达国家标准,乳制品抽检合格率99.2%。

(三) 奶业发展市场广阔、增势强劲

根据国家产业发展规划，到2025年全国生鲜乳产量将达到4500万吨以上，还有1300多万吨的发展潜力。《中国居民膳食指南（2016）》提出，满足健康需求人均奶类年消费为109千克，还有72千克的增长空间。2017年我国乳制品产量、进口量分别由2008年的1810万吨和38.7万吨增加到2935万吨和247.1万吨，分别增长62%和539%。2017年全球乳制品零售额近4万亿元，我国乳制品零售额超过5000亿元。我省婴幼儿乳粉产业特色明显，君乐宝婴幼儿乳粉供不应求。随着国家优质乳工程的实施，以保障牛奶活性物质为核心的巴氏杀菌乳、低温酸奶等乳制品生产正在提速，适应高端消费的奶酪、黄油和功能性奶粉等进入扩张期。广阔的市场前景和强大的消费拉动力将对我省奶业振兴起到重要的支撑作用。

(四) 奶业发展浴火重生、率先示范

省委、省政府牢记习近平总书记嘱托，从哪里跌倒从哪里爬起来，坚持把奶业作为事关民众健康、引领现代农业发展的大事要事来抓，出台了一系列扶持政策，建基地、强加工、

育品牌、严监管，在奶站规范化管理、奶牛规模养殖、乳品加工能力、乳品质量安全等方面走在了全国前列，君乐宝已获得中国质量奖提名奖，是全国唯一通过国际权威 BRC、IFS 认证的乳品企业，婴幼儿乳粉率先在香港、澳门销售。2016 中国奶业 20 强（D20）峰会暨奶业振兴大会在我省召开，省政府与原农业部、工业和信息化部、原国家质检总局、原国家食品药品监督管理局等部委签订了《共建奶业振兴示范省战略合作协议》，开启了河北奶业发展新征程。

二、差距分析

对标国际先进水平，我省奶业在高质量发展方面差距依然明显。

（一）奶牛养殖竞争力不强

生产成本高，我省每千克生鲜乳成本3元，比发达国家高0.5～0.8元，特别是与美国、加拿大、澳大利亚和新西兰等资源禀赋优越的奶业发达国家相比，每吨玉米价格高200～300元，每吨优质苜蓿高800～1000元。单产水平低，我省泌乳牛平均单产7.3吨，虽高于全国平均水平0.3吨，但仍比奶业发达国家低2.1吨，差距较大。管理比较粗放，美国、加拿大、荷兰、以色列等国奶牛场智能化管理达到90%，均建立了全国联网的计算机管理系统，而我省智能化奶牛场建设仍处于起步阶段

（二）乳品企业和乳品品牌市场影响力不强

我省乳品加工企业年销售收入300亿元，仅相当于全球第一雀巢公司的1/5。君乐宝作为河北省最大的乳品加工企业，年销售收入102亿元，不足全球排名第20名公司的1/3。在全国乳品品牌市场知名度调查中，我省只有君乐宝进入前20强，排名第11位，婴幼儿乳粉排名第6位，与国际知名品牌相比差距巨大。

（三）乳制品结构不完善、高端产品少

我省乳制品以普通产品为主，90%以上为液体乳，低脂、无糖等功能性产品少，奶酪、黄油等高附加值产品空白，高端乳制品市场供给能力差距尤为明显。奶业发达国家巴氏杀菌乳消费占98%以上，我省不足5%；世界年人均奶酪、黄油消费2.6千克，欧美等发达国家12千克，我省仅为0.1千克。

（四）乳品企业与奶农利益联结机制不健全

发达国家奶业主要有3种组织形式：一是奶农合作社联合兴办乳品加工企业；二是奶农通过合作社入股乳品加工企业；三是奶牛养殖场自主兴办小型特色乳品加工企业。不论哪种形式，都形成了养殖与加工互为依存、风险共担、利益共享的共同体。我省只有婴幼儿乳粉和少数高端乳制品生产企业自建奶牛场，多数乳品加工企业与奶牛养殖场之间为合同收购关系，乳品加工企业主导收购价格，奶牛养殖场缺乏话语权，限收、拒收和倒奶现象时有发生，生鲜乳收购秩序不规范，奶业发展不稳定。

三、总体要求

（一）工作思路

深入贯彻习近平总书记关于做好“三农”工作和“让祖国的下一代喝上好奶粉”“希望国产品牌在市场中起主导作用”的重要论述，勇扛民族奶业振兴大旗，以实施乡村振兴战略为总抓手，以农业供给侧结构性改革为主线，以高质量发展为方向，以巩固提升奶业全产业链竞争力为核心，按照发展科技农业、绿色农业、品牌农业、质量农业的要求，对标国际一流水平，着力建设优质奶源基地，壮大乳品加工企业，完善利益联结机制，提升绿色优质乳制品供给能力，提高民族乳品品牌影响力和知名度，加快形成奶牛养殖、饲料生产、乳制品加工、市场销售、质量监管为一体的河北奶业现代产业体系，全面建成奶业振兴示范省，为新时代全面建设经济强省、美丽河北提供有力支撑。

（二）基本原则

坚持提质增效、做大做强，适应消费市场升级需求，发挥主产区比较优势，优化产业结构、布局结构、企业结构和产品结构，降成本、提质量、增活力；坚持问题导向、精准施策，按照国际对标、国内示范要求，找准差距、明确定位、补齐短板、融合发展、实现赶超；坚持政府引导、主体发力，处理好政府和市场的关系，发挥市场在资源配置中的决定性作用，加强科学规划和政策支持，激发主体活力，力求在智能管理、产品研发、品牌创建、市场开拓等关键环节实现突破；坚持区域联动、协同推进，把奶业振兴作为京津冀现代农业协同发展的重要内容，推动要素优先保障、产业集聚发展、市场合力开拓，促进富民强省。

（三）任务目标

到2022年，奶业实现跨越式发展；到2025年，全面实现奶业振兴，在全国率先实现奶业现代化，奶源基地、乳品加工、乳品品质、乳品品牌整体水平进入世界先进行列。

1. 奶源基地世界一流。到2022年，奶牛存栏164万头，全部实现规模化养殖、标准化生产和信息化管理，其中500头以上奶牛场存栏占90%以上。泌乳牛平均单产8.5吨，其中9吨以上奶牛存栏占50%以上，进入世界先进行列。生鲜乳总产量595万吨，比2017年增长53%；到2025年，生鲜乳总产量力争达到1000万吨。

2. 乳品加工企业世界一流。建设一批具有国际竞争力的乳品加工企业，到2022年，销售收入100亿元以上的乳品集团达到3家，其中300亿元以上的1家，进入全国前3名、全球前20强。乳制品产量达到500万吨，居全国第一。婴幼儿乳粉产量达到20万吨，进口替代率达到30%。到2025年，乳制品产量力争达到760万吨。

3. 乳品品质世界一流。乳制品产品结构完善、品类齐全，婴幼儿乳粉、巴氏杀菌乳等优势产品生产能力提升，奶酪、黄油、冰品等高附加值产品生产实现突破。生鲜乳和乳制品质量安全达到美国等发达国家标准，婴幼儿乳粉达到欧盟标准。

4. 乳品品牌世界一流。打造一批获得国内、国际乳品大奖的品牌，培育 1 家销售收入全球排名前5位、市场占有率全国第一的婴幼儿乳粉龙头企业。

四、重点工程

（一）绿色优质奶源基地建设工程

1.优化布局结构。以奶牛养殖集聚发展为方向，立足现有产业基础，实施加工带动，按照“种好草、养好牛、产好奶”全产业链发展要求，科学规划，引导奶牛养殖企业向饲草饲料丰富、生态容量大的区域转移，集中打造坝上草原牧区、山前平原农牧结合区和黑龙港流域农草牧结合区三大奶牛养殖集聚区，大力发展优质奶源基地。每个集聚区建设1个技术高端、设备高端、产品高端的现代奶业产业园，组建2个以上奶业产业化联合体，实现龙头带动、产加销游全产业链发展。到2022年，三大奶牛养殖集聚区奶牛存栏和奶类产量占全省总量90%以上。（牵头部门：省农业农村厅；责任单位：相关市县政府）

2.发展农户适度规模养殖。按照规模化养殖、标准化生产、信息化管理的要求，加快推进奶牛养殖转型升级。通过托管、入股、收购等方式，严格收奶标准和环保标准、采取差异化奶价等办法，引导奶牛小区转型为规模养殖场，积极发展奶牛家庭牧场，培育适度规模奶牛养殖主体，加快确立奶农规模化养殖的基础性地位。建立省级奶牛养殖管理云平台，鼓励养殖场配备信息化设备，实现精准化、智能化管理。着眼稳定奶农收入预期，推广“奶农＋合作社＋公司”的奶业发展模式，发挥乳品企业主导作用，对符合质量标准的生鲜乳要应收尽收，保护奶农利益，调动奶牛家庭牧场发展的积极性。到2022年，奶牛家庭牧场存栏比例达到50%以上。（牵头部门：省农业农村厅；责任单位：省财政厅，各市县政府）

3.建设优质专用饲草料基地。适应优质奶源发展需要，坚持以养定种、以种促养，加快种植业结构调整，合理布局饲草基地，大力发展优质专用饲草产业。按照每头成年奶牛3亩地标准，规划建设一批优质专用饲草基地。坝上地区重点扩大优质牧草种植面积，结合“空心村”治理和张家口“两区建设”，科学编制草原牧区恢复规划，建设退耕还牧示范区、国家草原公园和国家牧场，大力推进退耕还草，大幅调减粮食作物。山前平原区重点发展全株饲用玉米，在奶牛养殖大县整县推进“粮改饲”，优选专用品种，扩大全株饲用玉米种植，通过“过腹还田”提高秸秆资源化利用率。黑龙港流域重点发展优质苜蓿，开展轮作休耕，引进国外苜蓿良种进行连片种植。支持牧草种植、收割、加工设备引进，建设集约化人工草地示范基地。选择一批重点奶牛饲料企业，加大扶持培育力度，做大做强做优饲料产业。统筹利用省级乳粉业发展专项资金、“粮改饲”、地下水超采综合治理、优质苜蓿种植、轮作休耕等政策，用于优质专用饲草基地建设。到2022年，全省发展优质牧草150万亩（其中优质苜蓿50万亩），全株青贮玉米达到250万亩。（牵头部门：省农业农村厅、省自然资源厅；责任单位：各市县政府）

4.健全奶牛良种繁育体系。坚持自主培育为主、引进和繁育相结合、政府主导和社会参与相结合，加快建设育繁推一体的良种繁育体系。促进品种多元化，主推荷斯坦奶牛，兼推乳肉兼用型西门塔尔、娟姗等品种，满足不同乳制品加工需求。加强种公牛培育，加快良种奶牛扩繁。利用基因选择和后裔测定技术，引进品种优良的顶级种公牛胚胎、冻精，到2022年，自主培育优秀种公牛40头，遗传性能进入世界先进行列，基本满足全省奶牛改良需要。扩大核心群规模，选择骨干奶牛养殖场，选用单产水平10吨以上的奶牛胚胎和优质冻精，建立200个单产10吨以上、存栏500头以上的高产奶牛核心群，提高泌乳牛单产水平。普遍推广生产性能测定技术，加快引进世界一流测定设备，配齐配强技术力量，按照“自愿采样、应测尽测”的原则，不断扩大测定覆盖面。到2022年，全省泌乳牛生产性能测定率达到35%。利用省级乳粉业发展专项资金、畜牧良种繁育体系建设等资金，对胚胎、冻精引进、生产性能中心设备购置及测定费用进行补贴。（牵头单位：省农业农村厅、石家庄海关；责任单位：省财政厅，相关市县政府）

5.强化生鲜乳收购站监管。实施国务院《乳品质量安全监督管理条例》，落实生产经营者主体责任，对生鲜乳收购站和运输车实行全方位监管。严格生鲜乳收购许可证和运输车准运证发放，生鲜乳收购站必须达到“五有一符合”（有收购场所、有冷藏低温运输设备、有化验检测设备、有健康从业人员、有质量安全保障制度、符合建设规划布局）标准，运输车达到生鲜乳运输车管理技术规范要求。省市县每年开展专项整治行动，对生鲜乳收购站、运输车进行全覆盖现场检查。落实年度生鲜乳质量安全监测计划，开展风险监测，依法严厉打击违法违规添加行为。推动生鲜乳收购站全部实施视频监控，运输车辆全部安装GPS定位系统，做到生鲜乳生产、收购、贮存、运输、销售环节全程信息化管控。（牵头部门：省农业农村厅；责任单位：各市县政府）

6.加强动物疫病防控。按照国家及省中长期动物疫病防治规划和建设无规定疫病区的要求，落实政府属地责任、部门监管责任、企业主体责任。针对薄弱环节，严格奶牛养殖场（区）防疫条件，健全防疫制度，完善防疫措施，实施奶牛养殖场重点动物疫病净化，奶牛疫病发生率保持全国最低水平。强化奶牛口蹄疫免疫、疫病监测和净化、养殖场环境消毒等措施，实现奶牛养殖场口蹄疫稳定控制。加强奶牛布鲁氏菌病和结核病防控，每年开展一次全面监测，依法扑杀淘汰阳性奶牛。强化流通环节检疫监管，严格限制奶牛从疫病高风险区向低风险区移动，对跨省引进的奶牛严格实施调运审批和隔离观察制度，防止疫情传入。（牵头部门：省农业农村厅；责任单位：相关市县政府）

7.提高养殖废弃物资源化利用水平。落实省政府《畜禽养殖废弃物资源化利用工作方案》，对奶牛养殖场粪污资源化处理设施建设情况逐一调查、登记造册，实行台账式管理。按照“一场一策一方案”的要求，对现有养殖场处理设施不达标的限期整改，对未建设施的督促其加快建设粪污处理利用设施，保持正常运行，完成一个销号一个。对新建和改扩建奶牛养殖场依法开展环境影响评价，严格执行“三同时”规定，配套建设粪污收集、贮存、处理、利用设施，配备与养殖规模和处理工艺相适应的粪污消纳用地。国家和省级畜禽粪污资源化利用资金，重点向奶牛养殖大县倾斜。到2020年，全省奶牛养殖场粪污处理设施配建率达到100%，资源化利用率达到75%以上。（牵头部门：省农业农村厅、省生态环境厅；责任单位：各市县政府）

（二）乳制品加工领军企业培育工程

1.做大做强乳品企业。优化乳品企业结构，重点依托三大奶业集聚区，按照做强骨干龙头企业、做大区域龙头企业、做多新兴龙头企业的思路，加快形成骨干龙头带动、产业集群发展的奶业加工新格局，构建布局匹配、生产协调、功能完备、产加销游协调的现代奶业产业体系。加大政策扶持力度，支持乳品企业建设智能工厂（数字化车间），提高乳品企业智能制造、绿色制造、高端制造水平。支持骨干龙头企业通过兼并重组、新建、扩建，引进国际最先进加工设备和加工工艺，扩大优势产品生产能力，建设世界一流乳品加工基地。瞄准国际奶业20强和国内奶业20强，加大招商引资力度，实施战略性合作，引进一批大型乳品加工企业，增强奶业核心竞争力。支持现有区域龙头企业，改造提升加工设备，提高加工层次和水平，根据各地实际条件选择适合区域建设巴氏杀菌乳加工企业，扩大低温特色乳制品生产能力。支持乳品企业利用资本市场，在主板、新三板等挂牌上市。到2022年，全省乳品企业销售收入翻一番。（牵头部门：省工业和信息化厅；责任单位：省发展改革委、省农业农村厅、省市场监管局、河北证监局，各市县政府）

2.支持奶农发展乳制品加工。推进一、二、三产业融合发展，鼓励奶牛养殖向乳制品加工流通全面拓展，让奶农更多分享增值收益。加大金融信贷支持、用地用电保障和政策扶持力度，严格执行生产许可、食品安全标准等法律法规标准。支持具备条件的奶牛养殖场、合作社建设乳品加工厂，形成一批区域特色小型乳品加工企业，推行生产加工销售一体化。积极培育鲜奶消费市场，满足高品质、差异化、个性化需求。（牵头部门：省工业和信息化厅；责任单位：省市场监管局、省发展改革委，省自然资源厅，省地方金融监管局）

3.优化企业产品结构。针对不同消费群体和市场需求，重点发展婴幼儿乳粉和巴氏杀菌乳，稳定发展高温灭菌乳、低温酸奶和常温酸奶，积极开发奶酪、黄油、冰品等新产品，加快形成以中高档产品为主体、特色功能性产品为补充的产品体系。重点依托乳品企业，大力发展婴幼儿乳粉和巴氏杀菌乳。重点依托乳品企业，巩固提升高温灭菌乳、高端常温酸奶和低温酸奶。培育引进新的乳品加工企业，发展奶酪、黄油、冰品等产品生产。充分发挥政府的监督职能和引导作用，切实加强复原乳监管，严格落实复原乳标识制度，鼓励以生鲜乳为原料生产灭菌乳、发酵乳、调制乳等乳制品，替代大包粉进口。到2022年，婴幼儿乳粉、巴氏杀菌乳、发酵乳、奶酪、黄油等高端优势特色产品销售收入占全省乳制品销售收入总额的50%以上。（牵头部门：省工业和信息化厅；责任单位：省发展改革委、省农业农村厅、省市场监管局）

4.健全乳制品销售保障机制。着眼稳定乳品企业销售预期，加大政策支持力度，当企业因扩大生产造成销售困难时，探索采取定向补贴方式，扩大市场消费渠道。全面实施城乡义务教育学生营养改善计划，每个学生每天1杯奶，逐步实现全覆盖，适时出台婴幼儿、老人、贫困人口饮奶补贴办法。支持乳品企业创新营销模式，建造与加工能力相匹配的智能化仓储设施，提高冷链物流配送能力。支持乳品企业、流通企业、电商企业对接融合，开拓“互联网+”消费体验、线上线下融合的新型营销模式。发展居民小区和周边酒店、饭店、商店乳制品供应，通过直营、电商等服务当地和周边群众。鼓励乳品企业以港澳市场为桥头堡，积极开拓“一带一路”沿线国家市场，对出口企业申办生产许可和配方注册开辟绿色通道。（牵头部门：省教育厅、省商务厅；责任单位：省工业和信息化厅、省市场监管局、石家庄海关）

5．创新利益联结机制。以产加销一体化为目标，采取多种利益联结方式，形成风险共担、利益共享的产业发展共同体。创新奶业发展模式，引导奶牛家庭牧场组建奶农专业合作组织，支持乳品企业自建牧场，与奶牛养殖场、合作社相互参股，形成股份制联合体。完善合同购销关系，引导乳品企业每年制定生鲜乳收购计划，与奶牛养殖场签订3年以上长期购销合同，确定收购数量和合理波动范围，促进生鲜乳产销衔接。支持开展第三方检测，构建公开、公平、公正的市场环境。充分发挥省奶业协会作用，每季度开展生鲜乳收购价格协调，发布全省生鲜乳交易参考价格，提倡通过溢价收购、利润保障等方式，稳定奶牛养殖收益预期。建立生鲜乳价格大幅波动政府备案制度，对不合理波动进行约谈，有效保护奶农合法权益。依法查处和公布不履行生鲜乳购销合同以及强推强卖饲料、兽药和养殖设备的乳品企业。（牵头部门：省农业农村厅；责任单位：省工业和信息化厅，各市县政府）

（三）产品质量提升工程

1.提高科技创新能力。坚持自主创新、引进创新、协同创新相结合，突出产品研发、关键技术、生产工艺，不断提高奶业创新发展能力。以企业为主体，联合国内外科研机构和高等学校，建立国家级乳品研发中心或重点实验室，建立乳品产业技术研究院，占领世界乳品研发技术制高点。充分利用引智引才计划和支持政策，引进国内外“高精尖缺”人才团队，加强院士工作站建设，重点开展婴幼儿乳粉、功能奶粉、低温酸奶、奶酪、黄油等高端乳制品的研发。推广应用新型益生菌、新型包装材料和膜处理、冷冻浓缩、自动化控制等新技术，优化生产工艺，改进包装设计，提升加工层级。创新科技成果转化机制，鼓励企业采取股权激励、分红奖励等方式，激发科技人员积极性。（牵头部门：省科技厅；责任单位：省发展改革委、省工业和信息化厅、省农业农村厅）

2.提升乳品品质。把握乳制品消费升级趋势，对标世界一流标准，研究制定高于或相当于奶业发达国家水平的生鲜乳和乳制品标准体系，以标准升级带动产品升级，以产品升级促进消费升级。严格执行奶牛养殖规范和生鲜乳生产标准，采用优质饲草饲料、科学饲养配方、先进饲养管理操作规程，提高生鲜乳标准化生产水平，生鲜乳乳蛋白率达到3.2%、乳脂肪率达到3.8%，菌落总数10万/毫升以内，体细胞数控制在20万/毫升以内，超过美国等奶业发达国家标准。严格乳品企业市场准入，帮助现有乳品企业改造提升，依法整改和取缔不按标准生产的乳品企业，建立乳品企业“黑名单”制度和市场退出机制。乳品领军企业要制定高于欧盟的企业标准，按照国际先进管理体系调整生产工艺，健全技术规范，完善质量追溯，产品质量达到全球领先、全国领跑。引导乳品企业完善生鲜乳分级计价标准体系，对达到发达国家标准的生鲜乳提高收购价格，实行优质优价。鼓励乳品企业开展国际权威标准体系认证。到2022年，培育2～3家通过国际权威标准体系认证的乳品企业。（牵头部门：省市场监管局、省农业农村厅、省工业和信息化厅；责任单位：各市县政府）

3.强化质量安全监管。加强乳品质量安全监管能力建设，创新监管方式，加大监管密度，强化乳品生产加工、贮存运输、经营销售等环节质量安全监管。实施省市县生鲜乳定期分级抽检全覆盖，严格投入品和小规模奶牛养殖场（户）的监管。落实乳品企业质量安全第一责任，实行全过程标准化管理和质量追溯，督促乳品企业落实生鲜乳入厂批批检测制度。制定乳品安全风险监测方案，鼓励乳品企业参加食品安全责任险，增强抵御食品安全风险的能力。支持乳品企业与国内外科研机构深度合作，探索开发食品安全生物评价技术，提高质量安全防控能力。严格规范奶吧经营，防范质量安全风险。到2022年，婴幼儿乳粉的品质、竞争力和美誉度显著提升。（牵头部门：省市场监管局、省农业农村厅、省卫生健康委、省工业和信息化厅；责任单位：各市县政府）

（四）乳品知名品牌创建工程

1.扩大市场影响力。坚持政府、企业、社会共同发力，采取媒体宣传、品牌推介、消费者体验等多种方式，形成全方位、立体化整体宣传效应，提振消费者信心。有关部门定期发布生鲜乳及乳制品质量安全监测权威信息，引导消费者预期。通过专题报道、专家访谈、公益广告等形式，宣传奶业振兴成效、品牌形象、技术创新和产品质量，帮助企业拓展市场，提升消费者科学饮奶认知。推广“就地养殖、就地加工、就地消费”模式，落实国家“学生饮用奶计划”。组织牛奶公益捐赠扶贫活动，培育民众乳品消费习惯。（牵头部门：省农业农村厅、省教育厅；责任单位：省委宣传部、省工业和信息化厅、省市场监管局、省卫生健康委、省广播电视局，各市县政府）

2.提升品牌知名度。积极探索专业化、高端化、国际化品牌推介路线，努力打造享誉国内、世界知名的乳品品牌。鼓励乳品企业聘请国际知名专业化广告公司和咨询公司开展广告创意、媒介策略分析、市场研究和投放计划等品牌策划营销，提高品牌美誉度。鼓励乳品企业参加中国质量奖评选，每两年举办一次“婴幼儿乳粉发展大会”和“奶农大会”。支持乳品企业参加国际展销会，参与评选全球食品工业大奖、世界食品品质评鉴大会金奖和全球最佳新品品牌奖等国际权威奖项。到2022年，婴幼儿乳粉出口3～5个国家，获领中国质量奖1项、国际大奖3～5项。（牵头部门：省市场监管局、省工业和信息化厅；责任单位：省科技

厅、省文化和旅游厅、省农业农村厅）

3.加强消费体验。支持崇礼奥运生态示范牧场、鹿泉奶业小镇等产加销游一体化基地建设，指导开展奶业特色精品景区创建，纳入中小学生研学实践教育基地管理范围。统筹区域旅游资源，每个奶业发展集聚区规划建设1条以上奶业观光旅游线路，加强旅游服务中心、停车场、旅游厕所、交通指示牌等配套设施建设，提升接待服务能力。鼓励奶业旅游景点全天候免费开放，让消费者零距离体验奶牛养殖、乳品加工全过程，了解生鲜乳和乳制品各项质量安全指标，普及巴氏杀菌乳、奶酪等乳制品消费知识。有关部门要积极回应社会关切，澄清不实报道和不当言论，增强国产乳制品消费信心。到2022年，实现奶业观光旅游年接待游客200万人次。（牵头部门：省农业农村厅；责任单位：省文化和旅游厅、省教育厅、省交通运输厅等相关部门）

五、保障措施

(一)强化组织协调

成立省奶业振兴工作领导小组，省委副书记任组长，省政府常务副省长、分管副省长任副组长，省委宣传部、省农业农村厅、省财政厅、省发展改革委、省工业和信息化厅、省生态环境厅、省市场监管局、省科技厅、省自然资源厅、省商务厅、省教育厅、省文化和旅游厅、省交通运输厅、省地方金融监管局等单位主要负责同志为成员，研究部署奶业振兴战略举措，协调解决工作推进中遇到的重大问题。领导小组办公室设在省农业农村厅，具体负责奶业振兴综合协调、组织推动、督导检查等工作。省直有关部门要主动作为，加强协作，形成合力。奶业重点市县要参照省做法建立相应机制，加强组织领导。

(二)强化要素保障

积极争取国家对我省奶业振兴行动的政策和资金支持，争取农业农村部加大对我省“粮改饲”和苜蓿种植的支持力度。各级财政要加大对奶业的扶持，统筹相关资金，重点支持奶业发展集聚区建设、乳品品牌培育，保障疫病防控经费，谋划一批重点项目，加强跟踪检查，提高资金使用效益。采取政府、企业和社会资本合作的方式，探索设立奶业发展基金，引导奶业创新发展、绿色发展、高质量发展。创新金融产品，优化金融服务，拓宽奶业贷款抵（质）押范围，用足用好农业发展银行等优惠信贷资源。有效发挥各级农业担保公司作用，撬动金融和社会资本投入奶业振兴。支持各类金融机构与乳品企业、奶牛养殖场合作创新金融服务模式，有效发挥金融工具作用。探索开展牧场保、青贮保及生鲜乳目标价格保险。新建、扩建乳品企业所需用地指标优先安排，用电用水优先保障。

(三)强化科技服务

加大科技创新力度，把奶业科技研发纳入全省科技支持计划的重点，在品种繁育、提高单产、提升工艺、提高质量等方面开展联合攻关，突破一批关键技术。聚集国内知名专家，在坝上地区创建国家级奶业工作站、检测中心，促进技术成果转化应用。利用全基因组选择技术和活体采卵、胚胎移植技术，加快种公牛选育和良种繁育。推广精准营养饲喂和养分调控技术，开发新型能量饲料，提高生鲜乳质量和产量。推广奶牛生产性能测定，开展奶公犊育肥配套技术研究，提高奶牛养殖综合效益。加强粪污资源化利用设施设备研发，推广粪污无害化处理技术，保护生态环境。开展具有自主知识产权的益生菌生产技术研究。开展母乳益生元、免疫活性因子、活性分子技术研究，开发适合中国婴幼儿的好乳粉。研究巴氏杀菌控制技术、褐变产品稳定性控制技术，提升产品品质保障能力。

（四）强化国际合作

坚持在开放条件下推进奶业振兴，实行“引进来”和“走出去”相结合，促进资本、资源和技术等优势互补，增强自我发展能力。学习借鉴国际先进经验，利用好“两个市场、两种资源”，把河北奶业振兴纳入全球化大市场之中审视。积极吸引战略投资者，拓展市场渠道、技术渠道、创新渠道。加强与国际一流高等学校和科研院所合作，共同组建研发团队，开展婴幼儿乳粉、发酵乳、益生菌等产品技术攻关。加强与国际乳业加工巨头合作，引进先进设备、技术和管理模式，鼓励乳品企业到国外建立奶源基地和加工厂，提高国际资源开发利用率。加强与国际奶业组织的合作，共同举办博览会、展销会，开展技术交流、人员培训和标准合作，全方位提升奶业国际合作发展水平。

（五）强化督导考核

各级各有关部门要根据职责分工，制定年度实施方案，细化任务目标，实化工作举措，明确时间节点，落实责任到人。省奶业振兴工作领导小组办公室研究制定考核办法，定期开展协调调度，组织督导检查，年底进行考核评价，对完成任务好的市、县予以表扬奖励，对完成任务较差的进行通报约谈。将奶业振兴工作纳入实施乡村振兴战略专项考核和重点工作大督查内容。

附件（略）

中共河北省委办公厅

2019 年 4 月 4 日印发

河北省人民政府
关于加快推进奶业振兴的实施意见

冀政字〔2019〕31号

各市（含定州、辛集市）人民政府，雄安新区管委会，省政府有关部门：

为贯彻落实《国务院办公厅关于推进奶业振兴保障乳品质量安全的意见》（国办发〔2018〕43号）和《河北省奶业振兴规划纲要（2019—2025年）》，加快河北奶业振兴步伐，提出如下实施意见。

一、明确奶业振兴指导思想

深入贯彻习近平总书记“让祖国的下一代喝上好奶粉”“希望国产品牌在市场中起主导作用”等重要指示精神，勇扛民族奶业振兴大旗。以实施乡村振兴战略为总抓手，以供给侧结构性改革为主线，以巩固提升奶业全产业链竞争力为核心，对标国际一流水平，建设优质奶源基地，壮大乳品加工企业，完善利益联结机制，提升民族品牌知名度，确保《河北省奶业振兴规划纲要（2019—2025年）》任务目标如期实现。到2022年，生鲜乳产量达到595万吨，乳制品产量达到500万吨，婴幼儿乳粉市场占有率全国第一。到2025年，全面实现奶业振兴，在全国率先实现奶业现代化，生鲜乳产量力争达到1000万吨，乳制品产量力争达到760万吨。

二、建设绿色优质奶源基地

(一)推进奶牛养殖集聚发展

依托现有基础，发挥比较优势，实施加工带动，引导奶牛养殖向饲草饲料丰富、生态容量大的优势区域集聚发展。集中打造三大奶牛养殖集聚区，即以张家口、承德市为重点的坝上草原牧区，以石家庄、唐山、保定市为重点的山前平原农牧结合区，以邢台、衡水、沧州市为重点的黑龙港流域农草牧结合区，其他市也要因地制宜加快集聚发展步伐。按照规模化养殖、标准化生产、信息化管理的要求，提升奶牛养殖集聚区标准化、智能化养殖水平。到2022年，三大奶牛养殖集聚区生鲜乳产量达到556万吨，占全省90%以上。省级对存栏300头、500头及1000头以上的奶牛场购置信息化设备、应用软件及相关设施建设分别给予不超过30万元、50万元和300万元一次性补助。到2022年，全省规模养殖场全部实行智能化管理，实现与国际先进奶牛养殖方式并轨。（责任单位：省农业农村厅）

(二)大力发展农户适度规模养殖

积极发展奶牛家庭牧场，培育适度规模奶牛养殖主体，加快确立奶农规模化养殖的基础性地位。到2022年，奶牛家庭牧场存栏比例达到50%以上。着眼稳定奶农收入预期，推广“奶农＋合作社＋公司”的奶业发展模式，对符合质量标准的生鲜乳要应收尽收，调动奶牛家庭牧场发展积极性。依托奶牛家庭牧场，培育一批奶农合作组织，完善乳品企业与合作社利益联结机制，推动产加销一体化。引导乳品企业与奶牛养殖场签订3年以上长期购销合同，实行相互参股、二次分红、溢价收购。开展生鲜乳收购价格协调和第三方检测，建立生鲜乳价格大幅波动政府备案制度，依法查处公布不履行生鲜乳购销合同以及强推强卖饲料、兽药、养殖设备等的乳品企业，保护奶农合法权益。利用国家资金支持奶牛家庭牧场升级改造，每场补助30万元。（牵头部门：省农业农村厅）

(三)配套发展饲草饲料产业

按照每头成年奶牛3亩地标准，因地制宜发展一批优质专用饲草基地。坝上地区重点扩大优质牧草种植面积，科学编制草原牧区恢复规划，建设国家草原公园和国家牧场，大力推进退耕还草，到2022年达到78万亩，占全省50%以上。山前平原区重点发展全株饲用玉米，奶牛养殖大县整县推进“粮改饲”，到2022年达到125万亩，占全省50%。黑龙港流域重点发展优质苜蓿，开展轮作休耕，到2022年面积达到25万亩，占全省50%。支持引进牧草种植、收割、加工设备，建设集约化人工草地示范基地。选择一批重点奶牛饲料企业，加大扶持培育力度，做大做强做优饲料产业。落实国家“粮改饲”政策，对全株玉米、苜蓿等收贮每吨补助60元，国家“粮改饲”项目以外的，由市县参照国家标准进行补贴。苜蓿种植在国家每亩补助600元基础上，省级再补助400元。其他优质牧草种植由市县参照国家苜蓿补助标准执行。将牧草加工机械纳入农机具补贴范围。到2022年，全省优质牧草达到150万亩（其中优质苜蓿50万亩），全株青贮玉米达到250万亩。（责任单位：省农业农村厅、省林业和草原局）

(四)加强奶牛良种繁育

引进品种优良的顶级种公牛胚胎、冻精，到2022年，自主培育优秀种公牛40头，进入世界先进行列。加快扩充优质泌乳牛数量，4年外购10万头；推广使用高产奶牛胚胎和性控冻精，7年繁育优质后备母牛46万头。推广生产性能测定技术，引进世界一流设备，配齐配强技术力量，不断扩大测定覆盖面。省级对进口种用胚胎每枚补助1.5万元、种用冻精每支补助300元、使用雌性胚胎开展胚胎移植每枚补助2000元、性控冻精每支补贴150元、奶牛生产性能测定中心购置测定设备每套补助500万元。奶牛场参加生产性能测定，每头奶牛补助70元。利用国家资金，对省外购买奶牛按照基准利率进行全额贴息和50%担保费补助。到2022年，建立200个单产10吨以上的高产奶牛核心群。（责任单位：省农业农村厅、石家庄海关）

（五）强化奶牛疫病防控

落实政府属地责任、部门监管责任、企业主体责任。奶牛养殖场要严格执行防疫制度，完善疫病防控设施。加强奶牛布病和结核病防控，每年开展一次全面监测，依法扑杀淘汰阳性奶牛。强化奶牛口蹄疫免疫、疫病监测和净化、养殖场环境消毒等措施，实现奶牛养殖场口蹄疫稳定控制。严格限制奶牛从疫病高风险区向低风险区移动，严格实施调运审批和隔离观察制度，防止疫情传入，奶牛疫病发生率保持全国最低水平。（责任单位：省农业农村厅）

三、做大做强乳制品加工龙头企业

（六）培育引进大型乳品企业

瞄准国际奶业20强和国内奶业20强，加大招商引资力度，引进一批大型乳品加工企业，增强奶业核心竞争力。支持骨干龙头企业兼并重组、新建、扩建，引进国际先进加工设备和加工工艺，扩大优势产品生产能力，建设世界一流乳品加工基地。每个奶牛养殖集聚区引进培育1～2家国内外知名龙头企业，组建2个以上奶业产业化联合体。以石家庄、张家口、邢台为重点，在三大奶牛养殖集聚区分别建设1个技术、设备、产品高端的现代奶业产业园。支持乳品企业建设智能工厂。重点发展婴幼儿乳粉和巴氏杀菌乳，稳定发展高温灭菌乳、低温酸奶和常温酸奶，积极开发奶酪、黄油等新产品。对每新增年产万吨婴幼儿乳粉、年产500吨奶酪或黄油、日产50吨巴氏杀菌乳产能，省级分别支持4000万元、2000万元和1000万元，其中奶酪、黄油和巴氏杀菌乳产能支持资金不超过总投资额的30%；市县对每新增日处理生鲜乳100吨的高温灭菌乳、低温酸奶等其他乳制品产能支持1000万元。对引进年实际投资额10亿元、5亿元的奶业产业化项目，分别给予1000万元和500万元奖补。支持乳品企业自建牧场，按照设计存栏规模，每头牛位省级补助2000元。利用国家现代农业园区扶持政策对现代奶业产业园予以补贴。支持符合条件的乳品企业利用资本市场在主板、新三板等挂牌上市融资。到2022年，11个设区的市分别建设1个巴氏杀菌乳加工企业。（责任单位：省工业和信息化厅、省市场监管局、省发展改革委、省农业农村厅、河北证监局）

（七）支持奶农发展乳制品加工

推进一、二、三产业融合发展，鼓励奶牛养殖向乳制品加工流通全面拓展，让奶农更多分享增值收益。加大金融信贷支持、用地用电保障和政策扶持力度，支持具备条件的奶牛养殖场、合作社建设乳品加工厂，形成一批区域特色小型乳品加工企业，推行生产加工销售一体化，满足高品质、差异化、个性化需求。利用国家相关政策对新建特色、小型乳品加工厂给予支持。（责任单位：省市场监管局、省发展改革委、省工业和信息化厅、省自然资源厅、省地

方金融监管局）

（八）健全乳制品销售保障机制

着眼稳定乳品企业销售预期，在生鲜乳相对过剩，企业产品销售困难时，按照乳品企业生鲜乳收购量的10%，对过剩生鲜乳喷粉进行补贴，每吨补贴800元，其中省级500元、市县300元，稳定奶农生鲜乳收购。支持乳品企业创新营销模式，建造与加工能力相匹配的智能化仓储设施，提高冷链物流配送能力。支持乳品企业、流通企业、电商企业对接融合，开拓“互联网+”消费体验、线上线下融合的新型营销模式。发展居民小区和周边酒店、饭店、商店乳制品供应，通过直营、电商等服务当地和周边群众。加强国际合作，鼓励乳品企业积极开拓“一带一路”沿线国家市场。（责任单位：省商务厅、省市场监管局、石家庄海关等）

四、打造国际一流乳品品质

（九）提高生鲜乳品质

对标世界一流标准，研究制定高于奶业发达国家水平的推荐性地方生乳标准，以标准升级带动产品升级。制定高于国家标准的奶牛养殖规范，通过采用优质饲草饲料、科学饲养配方、先进饲养技术规程实现生鲜乳标准化生产，生鲜乳乳蛋白率达到3.2%、乳脂肪率达到3.8%，菌落总数10万/毫升以内，体细胞数控制在20万/毫升以内，超过美国等奶业发达国家标准。（责任单位：省农业农村厅）

（十）提升乳制品品质

研究制定与世界一流标准相衔接的乳制品质量行业标准，依法整改和取缔不按标准生产的乳品企业，建立乳品企业“黑名单”制度和市场退出机制。乳品领军企业要制定高于欧盟的企业标准，按照国际先进管理体系调整生产工艺，健全技术规范，完善质量追溯，产品质量达到全球领先水平。将乳品企业急需的新技术列入奶业振兴重大创新专项。支持乳品企业创建工程技术研究院、重点实验室等科技创新平台，支持乳品企业进行高新技术企业认定。引导乳品企业完善生鲜乳分级计价标准体系，开展国际权威标准体系认证。到2022年，培育2～3个通过国际权威标准体系认证的乳品企业。（责任单位：省市场监管局、省工业和信息化厅、省科技厅、省发展改革委）

（十一）强化质量安全监管

强化省、市、县生鲜乳定期分级全覆盖抽检，严格投入品监管，增加对小规模奶牛养殖场（户）的抽检频率，依法处置不合格生鲜乳。制定和实施乳制品食品安全风险专项监测方案，建立风险监测结果会商和交流机制。支持乳品企业投保食品安全责任险，增强抵御食品安全风险的能力。强化乳品生产加工、贮存运输、经营销售等环节质量安全监管和检测。严格落实复原乳标识制度，依法查处使用复原乳但不标识的企业。支持乳品企业与国内外科研机构深度合作，开发食品安全生物评价技术。开展专题培训，提高质量安全防控能力。严格规范奶吧经营，防范质量安全风险。到2022年，乳品抽检合格率力争达到100%，婴幼儿乳粉品质、竞争力和美誉度显著提升。（责任单位：省市场监管局、省卫生健康委、省农业农村厅）

五、提升乳品品牌竞争力

（十二）提升品牌知名度

积极探索专业化、高端化、国际化品牌推介路线，努力打造享誉国内、世界知名的养殖、乳品、乳企品牌。鼓励奶牛养殖场申报国际标准认证，对通过认证的一次性奖励50万元。对乳品企业聘请国际知名专业化广告公司和咨询公司开展品牌策划营销，给予一定补助。对首次获得中国质量奖、提名奖和省政府质量奖等奖项的乳品企业，按现有政策予以奖励。支持乳品企业参与评选全球食品大奖、世界食品评鉴金奖和全球最佳新品品牌奖等国际权威奖项，对参加省级食品领军品牌和特色品牌评选的获奖企业给予表彰、集中宣传和资金奖励。对宣传河北奶业品牌，举办相关奶业大会、展览会等所需资金省级予以补贴。到2022年，力争获领3～5项国际大奖。（责任单位：省工业和信息化厅、省农业农村厅、省文化和旅游厅、省市场监管局）

（十三）创建品牌体验平台

支持乳品企业建设奶业产加销游一体化基地等品牌体验平台，纳入中小学生研学实践教育基地，让消费者零距离体验奶牛养殖、乳品加工全过程，了解生鲜乳和乳品质量安全指标。在每个奶牛养殖集聚区规划建设1条以上奶业观光旅游线路，其中石家庄、张家口、邢台各建设1条。鼓励奶业景区免费开放，举办开放周、学生节等专题活动，普及巴氏杀菌乳、奶酪等乳品消费知识。到2022年，实现奶业旅游年接待游客200万人次。（责任单位：省农业农村厅、省文化和旅游厅、省教育厅、省交通运输厅，相关市政府）

（十四）加强宣传引导

坚持政府、企业、社会共同发力，采取多种方式，形成全方位、立体化整体宣传效应，提振消费者信心。支持各类媒体通过专题报道、专家访谈、公益广告等形式大力宣传奶业振兴成效、品牌形象、技术创新和产品质量，帮助企业拓展市场，提升消费者科学饮奶和食用干乳制品认知水平。加强乳品质量安全监管信息发布，提高监管透明度和公信力。有关部门要正确引导舆论，及时回应社会关切。（责任单位：省委宣传部、省农业农村厅、省工业和信息化厅、省市场监管局）

六、健全振兴工作保障机制

（十五）强化协调督导

省奶业振兴工作领导小组要建立健全定期集中分析研究、重大事项及时通报、关键时段联合督导3项运行机制，协调工作落实，解决突出问题，突破发展瓶颈；省农业农村厅牵头做好季度调度、半年汇报、年终总结等工作；领导小组各成员单位要组织专项检查、专题调度，强化工作配合，形成工作合力。

（十六）加大财政支持

2019—2022年，根据年度工作任务，统筹相关资金逐步加大对奶业振兴的支持力度，支持奶源基地建设、乳制品加工企业培育、产品质量提升和知名品牌创建。相关部门要确保资金落实到位，提高使用效率。有关市县要用足用好国家和省级扶持政策，制定配套支持政策，统筹安排相关资金用于奶业振兴，逐年加大投入力度，充分发挥财政资金导向作用。

（十七）优化要素保障

金融单位要用足用好信贷资源，创新金融产品，优化金融服务，拓宽奶业贷款抵（质）押范围，开辟与乳品企业、奶牛养殖场合作模式。担保机构要探索开展牧场保、青贮保及生鲜乳目标价格保险，撬动金融和社会资本，提高服务效率，稳定养殖收益预期。省农业农村厅要创新服务模式，加强专业技术人员和牧场主培训。发展改革、自然资源和电力等部门要对新建、扩建乳品企业所需用地指标积极安排，用电用水优先保障。各级要采取政府、企业和社会资本合作的方式，探索设立奶业发展基金，推进奶业创新发展、绿色发展、高质量发展。

附件（略）

河北省人民政府
2019 年 7 月 1 日

河北省新闻办
解读《河北省奶业振兴规划纲要（2019—2025年）》

为认真贯彻习近平总书记对河北奶业发展做出的一系列重要指示精神，落实国务院办公厅《关于推进奶业振兴保障乳品质量安全的意见》、农业农村部、国家发展改革委等国家九部委《关于进步一步促进奶业振兴的若干意见》、省委省政府《关于全面推进高质量发展的决定》《农业供给侧结构性改革三年行动计划》等系列部署，促进我省奶业高质量发展，提升奶业竞争力，省委、省政府办公厅印发了《河北省奶业振兴规划纲要(2019—2025年)》(以下简称《规划纲要》)。

一、《规划纲要》出台的背景和目的

2018年，胡春华副总理两次到河北考察，提出河北要实施“千万吨奶”工程，在全国奶业振兴大会上提出：决不能让奶业成为我国第二个大豆产业。按照3月30日省政府常务会议和6月7日省委常务会会议要求，省农业农村厅组织有关专家、养殖及加工企业代表研究讨论，深入基层开展调研，广泛收集国内外资料，起草了《河北省奶业振兴规划纲要(2019—2025年)》。起草过程历经六大阶段：一是组织省奶业技术创新团队、乳品加工企业和奶牛养殖场代表座谈研讨；二是邀请农业农村部、中国农业大学、中国农业科学院、中国奶业协会、全国畜牧总站的知名专家对《规划纲要》初稿进行论证；三是对照《国务院办公厅关于推进奶业振兴保障乳品质量安全的意见》、九部委《关于进一步促进奶业振兴若干意见》、胡春华副总理在全国奶业振兴工作推进会上的讲话，逐条对照修改完善；四是征求省政府22个部门意见，对提出的60条意见全部采纳或沟通达成一致；五是征求农业农村部意见；六是向胡春华副总理呈报《规划纲要》。最终，经省政府常务会议和省委常委会议审议通过后印发。

制定《规划纲要》的目的是对标国际先进，把建设世界一流奶源基地、世界一流乳品加工企业、世界一流乳品品质、世界一流乳品品牌作为发展目标，力争经过7年努力，使奶牛养殖水平、乳制品生产水平、乳制品质量安全水平和知名品牌进入世界先进行列。规划提出，到2022年，我省奶业实现跨越式发展，生鲜乳总产量595万吨，销售收入100亿元以上的乳品集团达到3家；到2025年，全面实现奶业振兴，全省生鲜乳产量达到1000万吨，在全国率先实现奶业现代化。确定这样的目标，标准是比较高的，难度也是比较大的，但经过努力，我们有信心也是完全可以实现的。

二、《规划纲要》主要内容

《规划纲要》提出建设四大工程十八项重点工作：(一)绿色优质奶源基地建设工程。一是优化布局结构；二是发展农户适度规模养殖；三是建设优质专用饲草料基地；四是健全奶牛良种繁育体系；五是强化生鲜乳收购站监管；六是加强动物疫病防控；七是提高养殖废弃物资源化利用水平，共七项重点工作。(二)乳制品加工领军企业培育工程。一是做大做强乳品企业；二是支持奶农发展乳制品加工；三是优化企业产品结构；四是健全乳制品销售保障机制；五是创新利益联结机制，共五项重点工作。(三)产品质量提升工程。一是提高科技创新能力；二是提升乳品品质；三是强化质量安全监管，共三项重点工作。(四)乳品知名品牌创建工程。一是扩大市场影响力；二是提升品牌知名度；三是加强消费体验，共三项重点工作。

制定五方面保障措施：一是强化组织协调；二是强化要素保障；三是强化科技服务；四是强化国际合作；五是强化督导考核。

三、进展情况

河北是奶业主产省，在民族奶业振兴中担负着重要职责。对此，省委、省政府高度重视，多次召开省委常委会、省政府常委会专题研究，省委书记王东峰、省长许勤亲自部署，全力推进河北奶业振兴工作。

2018年至今，完成以下几方面工作。

(一)落实《规划纲要》研究制定《实施意见》

按照2018年12月9日，省委第58次常委会会议要求，围绕《规划纲要》任务目标，研究编制了《实施意见》，拟从奶源基地建设、快速扩大奶牛群体、配套建设饲草料产业、大力发展乳制品加工、提升乳品品质和品牌影响力以及扩大乳品消费等方面制定支持政策。将任务目标分解到各市、30个重点县和乳制品加工企业。

(二)召开奶业振兴工作会议

2018年11月5日至6日，省政府在邢台市召开了全省奶业振兴工作会议。时清霜副省长做了重要讲话，从切实增强推进奶业振兴的紧迫感、着力抓好奶业振兴重点任务和关于当前几项急需抓好的工作三方面进行了安排部署。

(三)加强组织领导和部门协作

成立了省奶业振兴工作领导小组，省委赵一德副书记任组长，省政府袁桐利常务副省长、时清霜副省长任副组长，省农业农村厅、省工信厅、省发改委、省财政厅等十三个省直相关单位主要负责同志为成员，研究部署奶业振兴战略举措，协调解决工作推进中遇到的重大问题。领导小组办公室设在省农业农村厅，具体负责奶业振兴综合协调、组织推动、督导检查等工作。领导小组办公室已牵头制定印发了《2019年河北省奶业振兴工作方案》，细化了2019年任务目标、进度安排、工作措施和责任单位，各有关部门按照职责分工，主动作为，加强协作，合力推动全省奶业振兴工作。

(四)与大型乳品企业座谈对接

4月9日，时清霜副省长会见蒙牛乳业集团代表，听取了企业河北区域发展规划汇报和河北奶业振兴的意见建议。时清霜副省长表示，希望蒙牛乳业集团扩大河北奶源基地和乳制品加工建设，积极参与河北奶业振兴行动。各有关部门要尽快完善支持政策，搞好各级规划衔接，加强协调指导，做到上下配合、步调一致，政企合力促进河北奶业健康有序发展。

(五)组织召开奶业振兴座谈会

4月12日，省委、省政府召开奶业振兴座谈会，听取省直相关部门、奶业大县和乳业龙头企业发展规划汇报，征询支持政策意见建议。赵一德副书记强调：推进奶业振兴使命光荣、任务艰巨，要把抓“源头”和抓“龙头”有机结合起来，把提品质和创品牌有机结合起来，把政府有形和市场无形之手有机结合起来，不断提高河北奶业发展质量效益和竞争力。

(六)关键环节推进情况

1. 创新养殖模式。大力发展家庭牧场，探索乳品企业投资入股，统一饲料、统一兽药、统一冻精、统一服务、统一收购“五统一”的养殖服务模式，实现乳品企业承担市场风险，养殖户承担养殖风险，养殖、加工一体化经营的养殖新模式。加快推进信息化养殖进程 2019年建设智能奶牛场150个以上，筛选12家智能奶牛场建设典型案例，在全省进行示范推广。

2. 提升加工能力。瞄准国际奶业20强和国内奶业20强，加大招商引资力度，引进一批大型乳品加工企业。支持乳品企业建设智能工厂，引进国际最先进加工设备和加工工艺，扩大优势产品生产能力。2019年全省计划新扩建加工厂5家，其中2个婴幼儿乳粉加工厂、3个液体乳加工厂，年新增生鲜乳处理能力60万吨以上，年新增乳制品产能46万吨。

3. 完善利益联结机制。按照稳定养殖预期，稳定养殖收益，稳定供销关系的原则，构建乳品加工企业与奶牛养殖户的利益联结机制。一是协调域内所有乳企对社会承诺，2019年不拒收一滴奶，不强推强卖一分钱投入品。二是协调乳企进一步加大奶源基地建设和贷款扶持力度，鼓励养殖场购牛，使用性控冻精，提高生鲜乳产量。三是要求乳企对合作牛场公布生鲜乳收购价格计算方法，提高生鲜乳收购价格透明度，完善定价机制。四是要求各乳企严格遵守我省生鲜乳收购参考价格，不能突破最低参考价。五是针对养殖场贷款负担较重现状，协调相关乳企暂缓提出基础设施改造升级要求，提高养殖积极性。

4.加强风险防范。针对生鲜乳生产和市场需求不平衡问题，研究喷粉收储和特殊群体乳品消费补贴政策。

《规划纲要》提出的任务目标是什么？

河北省奶源办公室主任樊文科：我们提出的任务目标是到2022年，奶业实现跨越式发展；到2025年，全面实现奶业振兴，在全国率先实现奶业现代化，奶源基地、乳品加工、乳品品质、乳品品牌整体水平进入世界先进行列。

提出了奶源基地世界一流、乳品加工企业世界一流、乳品品质世界一流、乳品品牌世界一流四方面标志性目标。主要指标是：到2022年，奶牛存栏164万头，泌乳牛平均单产8.5吨，生鲜乳总产量595万吨；销售收入100亿元以上的乳品集团达到3家，其中300亿元以上的1家，进入全国前3名、全球前20强；乳制品产量达到500万吨，婴幼儿乳粉产量达到20万吨。到2025年，生鲜乳总产量力争达到1000万吨。乳制品产量力争达到760万吨，乳制品产品结构完善、品类齐全，生鲜乳和乳制品质量安全达到美国等发达国家标准，婴幼儿乳粉达到欧盟标准。打造出一批获得国内、国际乳品大奖的品牌，培育1家销售收入全球排名前5位、市场占有率全国第一的婴幼儿乳粉龙头企业。

《规划纲要》提出"到2022年，在全国率先建成奶业振兴示范省"，那么请问：提出我国率先建成奶业振兴示范省基于什么，有哪些优势？

河北省农业农村厅畜牧业处副处长谢忠：河北是全国重要的奶源生产和乳品加工大省，总体上讲，有四大优势：

一是奶业发展区位独特、条件优越。我省地处北纬36°～42°，属于国际公认的黄金奶源带，气候条件适宜奶牛养殖，饲草饲料资源充足丰富。同时，毗邻京津，交通便利，物流通畅，加之京津冀协同发展、雄安新区规划建设和北京冬奥会筹办等国家重大战略的实施，为奶业发展提供了历史机遇和强大动力。

二是奶业发展基础雄厚、优势明显。2018年全省奶牛存栏115万头，生鲜乳产量391万吨，均居全国第三位;乳制品加工企业43家，年产量365万吨，位居全国第一位，婴幼儿乳粉产量增速全国第一;生鲜乳质量已经达到发达国家标准。

三是奶业发展市场广阔、增势强劲。《中国居民膳食指南（2016）》提出，满足健康需求人均奶类年消费为109千克，目前我们还有72千克的增长空间。我省婴幼儿乳粉产业特色明显，君乐宝婴幼儿乳粉供不应求。随着国家优质乳工程的实施，以保障牛奶活性物质为核心的巴氏杀菌乳、低温酸奶等乳制品生产正在提速，适应高端消费的奶酪、黄油和功能性奶粉等进入扩张期。广阔的市场前景和强大的消费拉动力将对我省奶业振兴起到重要的支撑作用。

四是奶业发展浴火重生、率先示范。省委、省政府牢记习近平总书记嘱托，从哪里跌倒从哪里爬起来，坚持把奶业作为事关民众健康、引领现代农业发展的大事要事来抓，出台了一系列扶持政策，我省奶牛养殖及加工已走在了全国前列，君乐宝作为全国唯一通过国际权威BRC、IFS认证的乳品企业，婴幼儿乳粉率先在香港、澳门销售。2016中国奶业20强(D20)峰会暨奶业振兴大会在我省召开，省政府与原农业部、工业和信息化部、原国家质检总局、原国家食品药品监管局等部委签订了《共建奶业振兴示范省战略合作协议》，已经开启了河北奶业发展新征程。

《规划纲要》提出了“四个世界一流”的目标，那么目前我省的奶业发展水平与世界先进水平有怎样的差距？

河北省奶源办公室主任樊文科：对标国际先进水平，的确我省奶业在高质量发展方面差距还很明显，主要有四个方面。

一是奶牛养殖竞争力不强。表现在生产成本高，我省每千克生鲜乳成本比发达国家高0.5～0.8元。单产水平低，我省泌乳牛平均单产7.3吨，虽高于全国平均水平0.3吨，但仍比发达国家低2.1吨，差距较大。管理比较粗放，美国、加拿大、荷兰、以色列等国奶牛场智能化管理达到90%，均建立了全国联网的计算机管理系统，而我省智能化奶牛场建设仍处于起步阶段。

二是乳品企业和乳品品牌市场影响力不强。我省乳品加工企业年销售收入300亿元，仅相当于全球第一雀巢公司的1/5。君乐宝作为本土最大的乳品加工企业，2018年销售收入130亿元，约占全球第20名安格普公司的1/3。在全国乳品品牌市场知名度调查中，我省只有君乐宝进入前20强，排名第11位，婴幼儿乳粉排名第6位，消费者认可度还比较低，与惠氏、美赞臣、纽迪希亚、菲仕兰、雅培等国际知名品牌相比差距巨大。

三是乳制品结构不完善、高端产品少。我省乳制品以普通产品为主，90%以上为液体乳，低脂、无糖等功能性产品少，奶酪、黄油等高附加值产品空白，高端乳制品市场供给能力差距尤为明显。在发达国家，巴氏杀菌乳消费占98%以上，我省不足5%；世界年人均奶酪、黄油消费2.6千克，欧美等发达国家12千克，我省仅为0.1千克。

四是乳品企业与奶农利益联结机制不健全。发达国家奶业主要有三种组织形式：一是奶农合作社联合兴办乳品加工企业；二是奶农通过合作社入股乳品加工企业；三是奶牛养殖场自主兴办小型特色乳品加工企业。不论哪种形式，都形成了养殖与加工互为依存、风险共担、利益共享的共同体。我省只有婴幼儿乳粉和少数高端乳制品生产企业自建奶牛场，多数乳品加工企业与奶牛养殖场之间为合同收购关系，乳品加工企业主导收购价格，奶牛养殖场缺乏话语权，限收、拒收和倒奶现象时有发生，生鲜乳收购秩序不规范，奶业发展不稳定。

目前我省实施“千万吨奶”工程条件成熟吗?

河北省畜牧兽医局副局长顾传学：实施“千万吨奶”工程是省委、省政府准确把握奶业发展新阶段，经过反复论证做出的重大战略部署，我们认为实施条件已经基本成熟。

第一，中央和省委、省政府高度重视。习近平总书记2013年7月指导我省党的群众路线教育实践活动时，说有两个“沉重”，一个是足球，一个是奶粉。2017年1月，在旗帜乳品公司考察时要求，“让祖国下一代喝上好奶粉”。胡春华副总理在全国奶业振兴大会上提出，决不能让奶业成为我国第二个大豆产业；做优做强乳制品加工企业，只有蒙牛、伊利两家世界前10强的乳制品加工企业是远远不够的。去年两次到河北考察，提出河北要实施“千万吨奶”工程。省委、省政府多次召开省委常委会、省政府常委会专题研究。

第二，有良好条件和坚实基础。我省奶业发展区位独特、条件优越，属于国际公认的黄金奶源带，气候条件适宜奶牛养殖。奶业发展基础雄厚、优势明显，2018年奶牛存栏115万头，规模化养殖比例达98%以上，高于全国40个百分点，奶类产量391万吨，居全国第三位，乳制品产量365万吨，居全国第一位。

第三，有快速发展的成熟经验。2008年，省政府制定了《河北省人民政府关于大力整顿奶业秩序促进奶业健康发展的意见》(冀政〔2008〕91号)，重点支持规模养殖场建设，两年时间，奶牛规模养殖比例由30%提高到80%。2013年，制定《河北省人民政府关于加快全省乳粉业发展的意见》(冀政〔2013〕57号)，年均安排资金3.4亿元，重点支持乳粉企业、奶牛场和饲草基地建设。4年时间，乳粉和婴幼儿乳粉产能分别增长1.4倍、4.7倍。实践证明，有针对性的支持政策能够起到事半功倍的作用。

第四，设定目标积极科学可行。到2025年实现“千万吨奶”目标，是综合考虑4个方面因素确定的。一是奶业市场广阔，需求旺盛；二是技术支撑能力强劲，奶牛繁殖能力、单产水平不断提升；三是随着政策支持力度的加大，养殖和生产主体积极性高涨；四是奶业发展进入新阶段，行业龙头需要优化布局、扩大产能、抢占先机。同时，也是对奶业高质量跨越式发展趋势的科学把握，属于“跳一跳”可以够得着的目标。

《规划纲要》十八项重点工作最后一项是“加强消费体验”，这是消费者可亲历的，请问通过几条路径来实现？

河北省畜牧兽医局副局长顾传学：主要规划了两个路径：一是支持崇礼奥运生态示范牧场、鹿泉奶业小镇等产加销游一体化基地建设，指导开展奶业特色精品景区创建，纳入中小学生研学实践教育基地管理范围。二是统筹区域旅游资源，每个奶业发展集聚区规划建设1条以上奶业观光旅游线路，加强旅游服务中心、停车场、旅游厕所、交通指示牌等配套设施建设，提升接待服务能力。加强消费体验的主要目的是让消费者零距离体验奶牛养殖、乳品加工全过程，了解生鲜乳和乳制品各项质量安全指标，普及巴氏杀菌乳、奶酪等乳制品消费知识，增强国产乳制品消费信心。

河北省人民政府办公厅
关于进一步强化奶业振兴支持政策的通知

冀政办字〔2022〕93号

各市（含定州、辛集市）人民政府，雄安新区管委会，省政府有关部门：

为深入贯彻落实《河北省奶业振兴规划纲要（2019—2025年）》和《河北省人民政府关于加快推进奶业振兴的实施意见》，加快奶业振兴步伐，进一步强化奶业扶持政策，经省政府同意，现就有关事项通知如下。

一、加快奶牛种业发展

（一）支持基因检测。新增专项资金，对高产奶牛核心群全基因组检测每头补贴200元；对A2奶牛筛选测定每头补贴50元。（责任单位：省农业农村厅）

（二）支持奶牛育种集群创建。新增专项资金，对获批国家级核心育种场的奶牛场奖励50万元，对获批省级奶牛原种场的奶牛场奖励20万元；对建成的良种繁育、胚胎移植等省级奶牛种业集群，每个补贴1000万元。（责任单位：省农业农村厅）

（三）支持种质资源引进。新增专项资金，对引进世界排名前100的种公牛，每头补贴10万元。对引进优秀种用胚胎，每枚补贴标准由定额补贴调整为购置款的50%，每支育种用冻精补助金额调整为150元。（责任单位：省农业农村厅）

二、提升奶源基地建设水平

（四）支持优质奶牛快速扩繁。开展优质奶牛胚胎移植项目，移植性控胚胎每枚补贴标准提高到2500元。奶牛场使用性控冻精扩繁，每支补贴标准调整为75元，参加奶牛生产性能测定，每头继续补贴70元。（责任单位：省农业农村厅）

（五）支持养殖场扩容升级。新增专项资金，对新建、扩建社会养殖场，每个栏位补贴1000元；继续支持乳品企业自建牧场，每个栏位补贴2000元。对存栏300头、500头及1000头以上的奶牛场购置智慧牧场建设相关设施设备，继续补贴不超过30万元、50万元和100万元。（责任单位：省农业农村厅）

（六）支持饲草产业发展。落实国家“粮改饲”政策，继续对全株玉米、苜蓿等收贮每吨补贴60元。苜蓿种植在国家每亩补贴600元基础上，省级继续再补贴400元。（责任单位：省农业农村厅）

（七）支持种养结合粪污资源化利用。新增专项资金，对养殖场购置液体粪肥输送管道、田间液体粪肥贮存罐等设施设备，按照购置款的30%予以补贴，每场补贴不超过20万元。（责任单位：省农业农村厅）

(八)支持机械化养殖水平提升。对进入国家购置应用补贴目录的奶牛养殖、牧草种植、收贮及加工等机械，继续给予不超过购置款30%的农机购置补贴。（责任单位：省农业农村厅）

(九)支持奶牛养殖场申请权威认证。继续对首次通过GLOBAL GAP（全球良好农业操作认证）的奶牛养殖场，给予3万元奖励。新增专项资金，对取得国家奶业科技创新联盟“优质乳工程示范牧场”认证的，给予1万元奖励。（责任单位：省农业农村厅）

三、扩大乳制品加工消费

(十)支持乳品企业扩能和高端新品生产。对每新增年产万吨婴幼儿乳粉、年产500吨奶酪或黄油、日产50吨巴氏杀菌乳产能，省级继续分别补贴4000万元、2000万元和1000万元，其中奶酪、黄油和巴氏杀菌乳产能补贴资金不超过总投资额的30%；对引进年实际投资额10亿元、5亿元的奶业产业化项目，分别给予1000万元和500万元奖补。市县继续对每新增日处理生鲜乳100吨的高温灭菌乳、低温酸奶等其他乳制品产能补贴1000万元。（责任单位：省发展改革委、省工业和信息化厅、省农业农村厅）

(十一)支持过剩生鲜乳喷粉。在乳品企业销售困难、生鲜乳收购相对过剩时，继续按照收购量的10%，给予每吨800元的喷粉补贴，其中省级补贴500元、市县补贴300元。（责任单位：省农业农村厅）

(十二)支持奶业品牌竞争力提升。继续对首次获得中国质量奖、提名奖、省政府质量奖的乳品企业，分别给予200万元、100万元、50万元奖励；对获得全球食品大奖、世界食品评鉴金奖、全球最佳新品品牌奖等奖项的乳品企业，给予50万元奖励。对奶农大会主办方每年补贴20万元。（责任单位：省工业和信息化厅、省农业农村厅、省市场监管局）

(十三)支持“学生饮用奶计划”实施范围拓展。按照“政府引导、学生自愿、统一组织、自费订购”的原则，拓展“学生饮用奶计划”实施范围，让更多的中小学生喝上优质奶。（责任单位：省教育厅、省市场监管局、省农业农村厅）

四、强化金融政策支持

(十四)支持金融服务模式创新。引导金融机构拓宽活体奶牛、设施设备等贷款抵（质）押范围，开发青贮贷、牧场奶牛贷等金融产品，扩大“裕农通”平台覆盖面和融资功能。（责任单位：省地方金融监管局、河北银保监局、省农业农村厅）

(十五)支持新型保险产品开发。继续推行政策性奶牛保险，鼓励保险机构开发牧场保、青贮保及生鲜乳目标价格保险等其他险种，稳定养殖收益预期，提升产业风险保障和增信能力。（责任单位：省财政厅、省农业农村厅）

河北省人民政府办公厅

2022年6月28日

河北省奶业竞争力提升行动方案

冀农发〔2022〕95号

为全面贯彻落实农业农业村部《“十四五”奶业竞争力提升行动方案》《河北省奶业振兴规划纲要（2019—2025年）》，加快河北奶业振兴步伐，提升奶业核心竞争力和影响力，制定本行动方案。

一、实施背景

《河北省奶业振兴规划纲要（2019—2025年）》实施以来，河北奶业实现快速发展，扭转了前10年徘徊不前的局面，为奶业全面振兴奠定了基础。据国调队统计，2021年，全省奶牛存栏达到135.2万头，3年平均复合增长率8.5%，生鲜乳产量498.4万吨，3年平均复合增长率9%，乳制品产量397.6万吨，连续8年全国第一。全省百头以上奶牛规模养殖率100%，奶牛平均单产8.8吨，生鲜乳主要指标均达到发达国家标准,质量安全水平大幅提高。近400万农村中小学生免费饮用学生奶，数量居全国第一。君乐宝销售收入达到203亿元，比2018年翻了一番。但是,由于奶牛养殖成本高、产销衔接不紧密、品牌影响力有待提升等原因,产业整体竞争力不足，对标世界一流水平仍存在一定差距。当前，我省奶业振兴正处于爬坡过坎的关键时期，面对资源环境日益趋紧、投入品价格攀升等不利因素，需要进一步坚定信心，强化完善支持政策，创新工作举措，补齐短板弱项，加快提升奶业竞争力。

二、总体要求

（一）指导思想。以习近平新时代中国特色社会主义思想为指导，深入贯彻习近平总书记“让祖国的下一代喝上好奶粉”等重要指示精神，立足新发展阶段，贯彻新发展理念，构建新发展格局，以高质量发展为主题，以农业供给侧结构性改革为主线，以巩固提升奶业全产业链竞争力为核心，对标国际一流水平，加快形成奶牛养殖、饲料生产、乳品加工、市场销售、质量监管为一体的奶业现代产业体系，为建设现代化经济强省、美丽河北提供有力支撑，为国家奶业振兴贡献河北力量。

（二）主要原则

——坚持提质增效、做大做强。适应消费市场升级需求，发挥主产区比较优势，优化产业结构、布局结构、企业结构和产品结构，降成本、提质量、增活力。

——坚持问题导向、精准施策。按照国际对标、国内示范要求，找准差距、明确定位、补齐短板、融合发展、实现赶超。

——坚持政府引导、主体发力。处理好政府和市场的关系，发挥市场在资源配置中的决定性作用，加强科学规划和政策支持，激发主体活力，力求在智能管理、产品研发、品牌创建、市场开拓等关键环节实现突破。

——坚持区域联动、协同推进。把奶业振兴作为京津冀现代农业协同发展的重要内容，推动要素优先保障、产业集聚发展、市场合力开拓，促进富民强省。

（三）行动目标。对标奶源基地世界一流、乳品加工世界一流、乳品品质世界一流、乳品品牌世界一流的发展目标，持续强化政策支持，加大招商引资力度，促进全产业链高质量发展。2022年全省奶牛存栏达到145万头，同比增长7.2%；生鲜乳产量达到540万吨，增长8.3%；乳制品产量达到400万吨，增长0.6%。到2025年，奶业振兴取得突破性成效，奶牛场智能化程度达到世界一流，奶牛单产进入世界先进行列，生鲜乳质量指标达到发达国家水平，乳制品加工技术达到世界一流。

三、重点任务

（一）建设奶牛养殖聚集区。优化产业布局，推动奶牛养殖向环境承载空间大、饲草丰富的优势区域集聚，打造坝上草原牧区、山前平原农牧结合区和黑龙港流域农草牧结合区三大奶牛养殖聚集区。加快行唐县、塞北区、察北区、张北县、滦南县、威县、定州市等7个奶牛养殖示范园区建设，引领构建国内领先的奶业集群。新建扩建一批奶牛养殖场，形成现代化万头牧场为龙头、标准化家庭牧场为骨干、规范化社会中小牧场跟进的发展格局。加强奶牛疫病防控，完善疫病防控设施，落实重大疫病强制免疫和净化。2022年，全省新建扩建奶牛养殖场132家，新增奶牛存栏10万头，三大奶牛养殖聚集区奶牛存栏和奶类产量占全省总量90%。2025年，争取达到92%。

（二）扩大优质饲草种植。坚持以养定种、以种促养，大力发展优质专用饲草产业，稳定提高优质饲草自给率。按照每头成年奶牛3亩地标准，建设坝上高端饲草、山前平原青贮玉米、黑龙港流域优质苜蓿三大饲草基地。优选专用饲草品种，提升饲草收储机械装备自动化、精密化水平，改进饲草青贮技术，持续提高饲草产量和质量。支持君乐宝建设坝上38万亩燕麦种植基地和加工存储中心，在奶牛养殖大县整县推进“粮改饲”。2022年，种植青贮玉米250万亩以上，发展坝上专用燕麦40万亩，苜蓿种植面积达到50万亩，优质饲草本地化率达到55%。到2025年，本地化率达到70%以上。

（三）抢占奶牛种业新高地。坚持自主培育为主，引进和繁育相结合，加快良种奶牛扩繁步伐。发挥“河北省荷斯坦奶牛种质创新科技联盟”作用，积极培育育繁推于一体的种业集团公司，推进产学研衔接，培育引进专业人才，开展基因编辑、胚胎切割等关键技术攻关，加快推进奶牛群体改良。以君乐宝品元公司、天泉良种奶牛公司、君乐宝奶业研发中心为依托，建设行唐、鹿泉、威县3个奶牛种业示范园区。2022年，开展奶牛生产性能测定21万头，保持全国领先水平，对1万头奶牛开展A2基因组检测，推广自主生产优质胚胎1.1万枚、性控冻精28万支，培育5家平均单产15吨以上的奶牛核心育种场，奶牛平均单产达到9吨。到

2025年，自产优质胚胎和性控冻精省内市场占有率超过80%，并向省外输出，全省奶牛平均单产突破9.8吨，达到世界一流水平，品元公牛站达到全国一流水平。

（四）发展智能化规模养殖。按照规模化养殖、标准化生产、信息化管理的要求，提升奶牛养殖场规范化、智能化水平。持续开展智能奶牛场建设和家庭牧场升级改造，推动基于物联网、大数据技术的智能统计分析软件终端在奶牛养殖中的应用,对饲喂、挤奶、保健、防疫、粪污处理等关键环节设施设备进行改造升级,支持奶牛场购置TMR机械。开展部级标准化示范场和省级标准化场创建。引导养殖场改变传统粗放养殖模式，提高管理信息化、精细化水平。2022年，全省奶牛养殖智能化率达到92%以上，规模化率保持100%，粪污资源化利用达到81%。到2025年，奶牛养殖智能化率达到100%，粪污资源化利用达到85%，引领整个畜牧业高质量发展。

（五）做强乳制品加工。坚持加工先行，做强骨干龙头企业、做大区域龙头企业、做多新兴龙头企业。瞄准国际、国内奶业20强，引进一批大型乳品加工项目。引导现有乳制品厂提档升级、增容扩能，提高加工层次。支持乳制品企业建设智能工厂（数字化车间），提高智能制造、绿色制造、高端制造水平。顺应乳制品消费结构变化趋势，加快提升巴氏奶、低温酸奶、婴幼儿乳粉、奶酪、黄油等高端乳制品产能，提高乳清、蛋白浓缩物等奶酪副产品加工利用水平，构建中高端乳制品为主的产品体系。充分发挥君乐宝国家奶业研发中心作用，加快新品研发，满足消费者高端化、差异化消费需求。支持乳制品企业参与国际国内质量评比活动，提升河北品牌知名度。2022年，建设乳制品加工项目10个，新增日处理生鲜乳能力0.4万吨，其中婴幼儿配方乳粉、巴氏奶、奶酪、黄油等优势产能项目6个，乳制品产量达到400万吨。2025年，全省乳制品产业结构进一步优化，高端品类不断涌现，知名品牌进一步聚集。

（六）严守质量安全底线。坚持质量安全大于天，严防各种质量安全风险隐患。编制高于国家标准的奶牛养殖规范，制定高于奶业发达国家的生鲜乳团体标准。督促企业落实质量安全主体责任，完善质量安全内控制度。强化源头治理,推进奶牛健康养殖,开展奶牛养殖兽用抗菌药使用减量化行动试点,严格投入品使用。开展生鲜乳质量安全专项检测和第三方全覆盖抽检，实时掌握全省生鲜乳质量状况。推动乳制品企业实施危害分析和关键控制点管理，推广乳品质量全程在线监控系统，综合运用飞行检查、日常检查等监管手段，有效防范各环节质量安全风险隐患。2022年，开展生鲜乳质量专项检测900批次，合格率保持100%。2025年，全省奶业质量安全保障体系更加牢固，乳品质量达到发达国家水平。

（七）维护生鲜乳购销秩序。坚持营造公平有序的生鲜乳购销秩序，保障奶业健康持续发展。推动乳企与养殖场全部签订3年以上长期购销合同。每季度召开生鲜乳价格协调会，发布生鲜乳收购指导价和最低保护价。支持奶业大县、企业和有条件的奶农自建乳品检验检测体系，推动形成以质论价、优质优价的生鲜乳收购价格体系。持续开展生鲜乳市场秩序专项整治，严厉打击高价抢奶、私收散奶、违反合同等违法违规行为。严格生鲜乳收购站运输车监管，按期核发新证，对不符合条件的坚决整治或取缔。2022年，对全省生鲜乳收购站运输车实施第三方全覆盖抽检，实现100%达标。2025年，生鲜乳市场秩序全面规范，实现零投诉。

（八）推进一、二、三产融合。坚持种养加游一体化发展，密切利益联接，提升行业效益。支持乳制品企业自建、收购养殖场，提高自有奶源比例，并通过与奶农相互持股、二次分红、溢价收购、利润保障等方式，稳固奶源基础。鼓励有条件的奶农在确保质量安全的条件下，依靠自有奶源有序发展乳品加工，推动奶牛养殖向乳品加工和流通领域拓展，重点发展巴氏杀菌乳、低温发酵乳、奶酪和民族特色乳制品，通过直营、电商等渠道服务当地和周边社区居民，提高奶牛养殖效益， 提升奶农市场地位。深入开展农业农村部休闲观光牧场建设，开放崇礼奥运生态牧场，发展察北、张北、塞北乳制品厂工业旅游。推进养殖粪污资源化利用，打通种养循环通道。2022年，乳企自有奶源比例提升到30%以上，支持5家有条件的奶农发展小型特色乳制品加工。2025年，乳企自有奶源比例达到50%，奶农开办小型特色乳制品加工厂达到100家。

（九）培育乳制品消费市场。坚持政府、企业、社会共同发力，采取媒体宣传、品牌推介、消费者体验等多种方式，形成全方位、立体化整体宣传效应，提振消费者信心，扩大消费市场。加大奶业公益宣传，普及巴氏杀菌乳、灭菌乳、发酵乳、奶酪等乳制品营养知识，倡导科学饮奶，引导健康消费。瞄准京、津等高端市场，加大市场营销力度，持续提升高端乳制品市场占有率。深入实施“学生饮用奶计划”，探索发展城市中小学生自主征订。推广“认养一头牛”营销模式，开展线上、线下体验消费，拉近消费者与产品的距离，提升消费者对产品的认可度。组织乳制品企业参加农交会、D20峰会等活动，全方位宣传推介河北产品。办好全省奶农大会，讲好河北奶业故事。2022年，全省乳制品企业销售收入比2018年翻一番，销售收入100亿元以上的乳业集团达到3家。2025年，河北奶业影响力全面提升，乳制品畅销国内外市场。

（十）狠抓项目引进建设。坚持“建设一批、入库一批、筹划一批”，持续开展奶业大招商行动，保持项目建设力度稳增不减。2022年，以19个亿元以上奶业项目为牵引，抓大不放小，推动伊利沧州年产150万吨乳制品奶业项目6个万头牧场开工建设，协调“认养一头牛”日处理生鲜乳600吨乳制品加工项目落地衡水故城，指导蒙牛丰润三期日处理生鲜乳1000吨加工项目顺利建设，跟踪服务君乐宝18个家庭牧场建设，完成106亿元投资计划。积极培育奶业发展后劲，保持每年至少增加奶牛存栏10万头、生鲜乳日处理能力3000吨。

四、保障措施

（一）提高政治站位。将推动奶业振兴、提高奶业竞争力提高到落实中央决策部署、保障重要农产品供应安全的高度，作为增强“四个意识”、坚定“四个自信”、做到“两个维护”的具体行动，提高政治站位和重视程度，加强组织领导，统筹协调推进。省奶业振兴工作领导小组及其办公室充分发挥协调作用，加强“双规划”管理，抓好重点项目建设，确保各项任务目标完成。

（二）加强部门合作。相关部门在省奶业振兴领导小组的领导下，各司其职、主动作为，强化协同配合，落实重要信息定期通报、重要事项督办落实、重大问题统一协调、重大活动联合行动的工作机制，提升工作合力和工作效率，及时解决影响行业发展的难点、堵点，保障奶业振兴工作顺利推进。

（三）调整完善政策。营造良好营商环境，稳定和加强奶业支持政策，充分展示我省奶业振兴的信心和诚意。出台关于持续加强奶业振兴政策支持的若干措施，明确将现有支持政策延长至2025年，增加对奶牛种业、粪污治理等方面的支持，保持奶业发展资金投入力度只增不减、支持乳品加工和奶牛养殖优惠政策只增不减、奶业招商力度只增不减。

（四）强化技术服务。发挥省奶业技术体系专家作用，加大科技创新力度，把奶业科技研发纳入全省科技支持计划的重点，协同开展关键技术攻关。利用全基因组检测、活体采卵、胚胎移植等技术，加快良种培育和群体改良步伐，促进奶业转型升级，提高奶牛养殖效益，提升产业竞争力。

（五）严格督导考核。各级各有关部门要根据职责分工，细化任务目标，实化工作举措，明确时间节点，落实责任到人。将奶业竞争力提升工作纳入实施乡村振兴战略专项考核和重点工作大督查内容，定期开展协调调度，组织督导检查，年底进行考核评价，奖励先进、鞭策落后。

河北省农业农村厅办公室

2022年月5月27日

河北省进一步促进奶业振兴新闻发布稿

高一雷

（2022年8月11日）

河北省奶业近几年强势崛起，取得了可喜的成绩。

一是奶牛养殖加快发展。自2019年实施《河北省奶业振兴规划纲要（2019—2025年）》以来，支持新建扩建奶牛养殖场370家，新增奶牛近30万头，2021年奶牛存栏达到135.2万头；新增生鲜乳产量110多万吨，总产量达到498.4万吨，年均复合增长率9%，扭转了前10年徘徊不前的局面。支持653家奶牛场升级改造、490家奶牛场智能化建设，奶牛场智能化率90%以上，居全国第一。

二是乳品加工能力显著增强。2021年乳制品产量达到397.6万吨，连续8年全国第一。特别是近3年来，新建扩建乳品加工项目23个，新增年处理生鲜乳能力250万吨，约占现有生产能力的1/3。乳制品结构持续优化，奶酪、黄油实现零的突破。对近400万农村义务教育学生实施了"学生饮用奶计划"，年生产供应学生奶近20万吨，居全国第一，占全国20%以上。

三是乳品质量大步跃升。对生鲜乳收购站运输车每年进行"全覆盖"检查，对乳制品生产企业进行飞行检查，每年开展生鲜乳专项抽检900余批次，接受农业农村部组织的第三方全覆盖抽检，合格率均为100%。全省生鲜乳平均乳脂肪达到3.89%、乳蛋白3.33%、体细胞22万/毫升，优于发达国家标准。

四是饲草基地大幅增加。2021年，全省苜蓿总面积达到47万亩，年产干苜蓿约35万吨，苜蓿本地化率由2018年的35%增长到2021年的50%左右。

五是良繁水平明显提高。成立"河北省荷斯坦奶牛种质创新科技联盟"，建成全国规模最大的奶牛生产性能测定中心，年测定奶牛24万头，测定数量全国第一。筛选A2基因奶牛万头以上，组建了全国最大A2基因奶牛核心群。累计支持胚胎移植1.4万枚、推广优质冻精近50万剂。建成单产10吨以上高产奶牛核心群152个，全省奶牛平均单产达8.8吨，比全国高出0.1吨。

六是龙头企业发展势头强劲。君乐宝乳业集团快速发展壮大，2021年销售额实现203亿元，比2018年增长了近1倍。伊利、蒙牛等大型乳企纷纷落地我省，扩大投入，助力我省奶业振兴。

这些成绩的取得是践行习近平总书记关于奶业振兴重要指示的结果，也是我省奶业振兴政策有力推动的结果。

我们始终不能忘怀，2017年习近平总书记视察河北旗帜乳业时强调，“要下决心把乳业做强做优”“让祖国下一代喝上好奶粉”。省委、省政府牢记嘱托，迅速行动，研究制定了《河北省奶业振兴规划纲要（2019—2025年）》，明确“千万吨奶”发展目标。随后，配套出台了《河北省人民政府关于加快推进奶业振兴的实施意见》，明确2019—2022年间，省级每年安排3.8亿元专项资金用于支持奶业振兴，自此全省奶业呈现跨越式发展的良好态势。

目前，政策执行即将到期。不少投资者希望支持政策能够延续。我们积极响应市场主体的呼声，为巩固我省奶业振兴良好势头，确保“千万吨奶”目标实现，我省在原有政策的基础上，针对当前奶业“创集群、补短板、攻高端、扩消费”的新发展需求，对奶业振兴扶持政策进行创设、提标和完善，以省政府办公厅名义制发《关于进一步强化奶业振兴支持政策的通知》（以下简称《通知》），明确2023—2025年奶业政策。

《通知》分为4部分，共提出15条政策措施。

一是加快奶牛种业发展。从支持基因检测、支持奶牛育种集群创建、支持种质资源引进3方面推动奶牛种业加快发展。

二是提升奶源基地建设水平。通过支持优质奶牛快速扩繁、养殖场扩容升级、饲草产业发展、种养结合粪污资源化利用、机械化养殖水平提升、奶牛养殖场申请权威认证6条路径，提升奶源基地建设水平。

三是扩大乳制品加工消费。提出支持乳品企业扩能和高端新品生产、支持过剩生鲜乳喷粉、支持奶业品牌竞争力提升、支持“学生饮用奶计划”实施范围拓展4项措施，扩大乳制品加工消费。

四是强化金融政策支持。鼓励创新金融服务模式、开发新型保险产品，积极解决奶牛养殖融资等问题。

下一步，我们将深入贯彻落实省委十届二次全会精神，以新的政策措施出台为契机，对标“四个世界一流”，解放思想、奋发进取，进一步加快奶业振兴的步伐。主要做好5方面工作。

一是加强项目建设。推动伊利集团投资150余亿元沧州奶业项目、蒙牛投资12亿元丰润三期项目、“认养一头牛”投资6亿元故城乳制品加工项目、君乐宝18个家庭牧场项目、朴诚牧业投资5.5亿元丰宁万头牧场项目等一批重大项目建设。2022年共计实施亿元以上奶业项目19个，总投资214亿元，当年投资80亿元。

二是夯实奶源基地。持续建设坝上燕麦、平原青贮玉米、黑龙港苜蓿三大饲草基地，重点扩大优质苜蓿种植面积。优化产业布局，建设奶牛养殖聚集区、示范区。梯次建设现代化万头牧场、标准化千头家庭牧场和规范化中小规模社会牧场。实施新一轮奶牛养殖场升级改造，继续开展智能奶牛场建设。每年建设10吨以上高产奶牛核心群30个以上。

三是壮大加工企业。每年建设一批乳品加工项目，年新增日处理生鲜乳能力3000吨以上，推动形成大龙头领跑、中小企业跟进、奶农加工为补充的乳制品加工格局。支持乳品企业提高加工层次和水平，增加高端乳制品产能，扩大高端市场份额，提升生产效率和效益。

四是做强奶牛种业。建设行唐、鹿泉、威县奶牛种业示范园区，建设一流种公牛站，引进、培育顶级种公牛，支持天泉奶牛、康宏牧业等提升育种创新水平，高标准建设胚胎移植实验室，在威县建设单产15吨以上种子母牛核心群。扩大奶牛生产性能测定数量，完善奶牛谱系数据库，扩大优质胚胎和冻精的推广使用，加快群体改良步伐。

五是提升品质品牌。落实最严格的奶牛养殖规范，保证生鲜乳质量优于发达国家标准。实施生鲜乳质量专项风险检测和监督飞行抽检，动态监管乳品质量，适时掌握质量状况。鼓励企业参与国际国内质量评比活动，对获得大奖的企业予以奖励。召开奶农大会，推广先进技术，促进产销衔接，讲好河北奶业故事，展示河北奶业振兴成果。

河北乳品产业集群企业布局

HEBEI DAIRY BRAND ENTERPRISE LAYOUT

河北部分奶牛养殖企业

河北奶牛养殖概况

河北部分乳制品加工企业

河北乳制品加工企业概况

河北部分奶牛养殖企业

SOME DAIRY FARMING ENTERPRISES IN HEBEI

区 域	养殖企业
邢台威县	乐源牧业威县有限公司
邢台威县	乐源君邦牧业威县有限公司
邢台威县	乐源君宏牧业威县有限公司
石家庄新乐市	现代牧业（新乐）有限公司
衡水武强县	富源牧业衡水有限责任公司
衡水故城县	河北认养一头牛乳业有限公司
衡水故城县	河北康宏牧业有限公司
张家口察北区	现代牧业(察北)有限公司
保定定州市	河北首农现代农业科技有限公司
唐山玉田县	恒天然（玉田）牧场有限公司高庄子第二分公司
廊坊文安县	廊坊中地生态牧场有限公司
邢台宁晋县	河北优圣牧业有限公司
邢台宁晋县	大曹庄管理区百乐奶牛养殖场
邢台宁晋县	河北万赫牧业有限公司

河北奶牛养殖概况

OVERVIEW OF DAIRY FARMING IN HEBEI

河北省地处黄金奶源带，区位优势明显，产业基础雄厚，是全国重要的生鲜乳生产和乳制品加工大省。2021 年，全省奶牛存栏 135.2 万头，居全国第二位；生鲜乳产量 498.4 万吨，居全国第三位。全省奶牛养殖场 833 家，100 头以上规模养殖率 100%，高出全国 30 个百分点，其中 300 头以上奶牛养殖场（区）存栏比例高于 98%，万头牧场共 15 个，奶牛标准化规模养殖处于全国领先水平。截至 2021 年底，全省生鲜乳运输车 850 余辆，100% 实现管道式机械化挤奶。全省泌乳牛平均单产达到 8.8 吨。**奶业集中度显著提高，形成了坝上草原牧区、山前平原农牧结合区和黑龙港农草牧结合区三大奶牛养殖集聚区，**奶牛存栏、奶类产量均占全省总量的 90%。

河北部分乳制品加工企业

SOME DAIRY PROCESSING ENTERPRISES IN HEBEI

区　域	乳制品加工企业
石家庄鹿泉区	君乐宝乳业集团
石家庄长安区	内蒙古蒙牛乳业（集团）股份有限公司
石家庄桥西区	伊利集团河北省分公司
石家庄新乐市	河北三元食品有限公司
保定高阳县	保定完达山乳品有限公司
保定满城区	河北新希望天香乳业有限公司
张家口张北县	旗帜婴儿乳品股份有限公司
衡水故城县	河北认养一头牛乳业有限公司
邯郸丛台区	邯郸康诺食品有限公司
邢台信都区	邢台德玉泉食品有限公司
承德丰宁满族自治县	朴诚乳业承德有限公司

河北乳制品加工企业概况

OVERVIEW OF DAIRY PROCESSING ENTERPRISES IN HEBEI

2021年，全省现有乳制品工业企业46家，日处理生鲜乳2.4万吨。乳制品产量397.6万吨，液体乳产量387.9万吨，连续8年排名全国第一位。全省乳制品以常温液态奶为主，产量占乳制品总量的97.5%以上。乳企加工规模大，集中度高，乳制品加工企业中隶属于伊利集团、蒙牛集团、三元集团、君乐宝乳业集团的企业分别达到4家、6家、3家和15家，企业数量占总数的61%。

河北乳制品加工企业介绍

INTRODUCTION OF DAIRY PRODUCTS PROCESSING ENTERPRISES IN HEBEI PROVINCE

让健康充满活力

君乐宝乳业集团

企业介绍

君乐宝乳业集团成立于1995年，是河北省乳制品加工企业，是农业产业化龙头企业、国家高新技术企业、国家乳品研发技术分中心。业务范围包括婴幼儿奶粉、低温酸奶、常温液态奶、牧业四大板块。目前君乐宝建立起了涵盖奶业全产业链各环节的运营布局，上下游协同发展，为消费者提供营养、健康、安全的乳制品。

企业规模：君乐宝是河北省最大的乳品企业，目前拥有21个生产工厂和17个大型牧场，养殖奶牛12万头，牧草种植基地50万亩。2021年，君乐宝婴幼儿奶粉产销量达到10万吨，整体营收200亿元，居全国领先水平。

企业文化体系：君乐宝乳业以社会主义核心价值体系为指引，不断积累、沉淀、发展，逐渐形成了独具特色的企业文化体系。公司愿景是成为中国营养健康食品企业领先者。企业使命是让全体员工在物质和精神都得到幸福的同时，为消费者提供营养、健康、安全的乳制品。企业宗旨是消费者的健康与安全是企业的责任，食品安全大于天。君乐宝从奶源和生产技术两个方面进行了升级。

奶源升级：君乐宝将自建牧场及收购、控股大型牧场作为企业发展的重点，已经在石家庄、保定、邢台等地自建13座大型现代化牧场，原奶主要指标优于美国、日本和欧盟标准。对所有合作的奶牛养殖场、养殖小区，全部采用规模化、标准化、集约化经营管理模式，集中规范化饲养、全面使用机械化挤奶。生产技术升级；近5年来，君乐宝先后投资数10亿元，建设高档酸奶加工项目、世界奶粉工厂项目等。其中，永盛工厂项目是国内规模大、设备自动化程度高的高档酸牛奶生产车间。奶粉工厂全面采用高工艺，整合10余个国家、20多项专利、30多家供应商的设备和技术。公司通过了ISO9001质量管理体系和ISO14001环境管理体系认证，婴幼儿配方奶粉通过食品安全标准(BRC)A+IFS国际食品标准认证。

以科研创新为动力，实现民族奶业的跨越赶超：君乐宝每年在科研方面的投入占总销售额的5%，先后完成创新项目150多项。2010年被认定为国家乳品加工技术研发分中心。坚持品质与品牌双轨驱动，率先开发了红枣酸奶、沙棘酸奶等系列养生产品；开发出功能性活性乳酸菌饮料——每日活菌；自主研发的“酪爵庄园”欧式酸奶酪是开发的新鲜奶酪产品，连同纯享酸奶、开啡尔常温酸奶等产品，均在SIAL China 国际食品与饮料展览会上被授予“最佳特别奖”等殊荣。

以奶业振兴为使命，践行“好奶粉 中国造”的行业愿景：凭借高品质，君乐宝奶粉在全球同行业通过了食品安全全球标准BRCA+认证，并在香港通过了第三方独立检测机构的抽检，获得食品安全高评级。2018年6月，君乐宝作为获奖的乳品企业在美国纽约举行的2018国际质量峰会上获得由国际权威商誉质量评估组织B. I. D(Business Initiative Directions)颁发的“国际质量管理卓越和创新钻石奖”。2018年11月，君乐宝喜获“中国质量奖提名奖”殊荣，这是中国乳品企业获得中国质量领域的最高荣誉。

经营模式：2018年3月全国两会期间，全国人大代表、君乐宝乳业集团总裁魏立华针对奶业高质量发展发表了自己的见解，他提出，奶业高质量发展，就是要做到质量优、品牌强、社会放心、消费者满意。

为了实现高质量发展，君乐宝推出两个模式：一是率先推出全产业链模式，即牧草种植、奶牛养殖、生产加工全产业链一体化生产经营模式，这就确保了产品的安全放心；二是创造“四个世界级”模式，即用世界级先进的牧场、世界级的工厂、世界级一流的供应商和世界级食品安全管理体系，确保产品的高品质，从而生产出世界级好奶粉。工业旅游在企业迅猛发展的同时，君乐宝工业旅游也实现异军突起，自2012年工业旅游启动以来，已累计有近200多万海内外游客走进君乐宝工业旅游景区。2015年，君乐宝工业旅游区正式跻身国家4A级旅游景区行列，成为国内集牧场、工厂及牛奶文化科普为一体的工业旅游景区、石家庄市精品龙头景区和华北地区热点旅游目的地，对当地区域经济、社会的发展起到了显著的带动作用，从“+旅游”到“旅游+”，君乐宝走出了一条一、二、三全产业链融合发展的新路子。在优致牧场的基础上，升级扩建成以“三产融合”为规划方向，以“生态循环”为技术手段，集科技示范、科普教育、休闲体验、文化交流于一体的世界级综合小镇——君乐宝奶业小镇。开展工业游是企业对消费者的信心承诺，说明企业愿意敞开大门接受消费者监督。从君乐宝工业游所展示出来的文化与产品、生产与科技就可以看出，君乐宝为打造一个“公开、透明、沟通”的企业与消费者互动模式而不懈地努力着。

战略合作：2022年1月22日，皇氏集团与石家庄君乐宝乳业有限公司、云南皇氏来思尔

乳业有限公司、云南皇氏来思尔智能化乳业有限公司签署了《股权转让协议》。根据《股权转让协议》，各方同意，皇氏集团将所持有的来思尔乳业20%股权及来思尔智能化20%股权以总价款20 000万元转让给君乐宝。2019年1月，由东方卫视携手欢乐传媒联合出品，君乐宝涨芝士啦芝士酸奶独家冠名大型喜剧竞演综艺《欢乐喜剧人》。2018年2月，君乐宝与天猫平台达成战略合作，双方将深度合作，致力为消费者提供国际品质的好奶粉，共同推动国产奶粉的全面振兴发展。2017年9月，君乐宝与清华大学代表就人才培养、企业文化践行、组织变革等话题进行了交流与讨论，并开展多种形式的合作。2017年6月，君乐宝携手普华永道，与世界三大质量组织 —— 美国质量学会、欧洲质量组织和日本科学技术联盟达成战略合作，将在质量管理方面与全球高标准全面接轨。2017年4月，君乐宝与京东超市达成战略合作，获得电商平台10亿元销售大单。2014年11月，君乐宝与爱尔兰爱科兰物理营养公司(Keenan)达成战略合作，双方就奶牛饲养领域及整个乳品加工产业链领域的合作关系达成共识，并在上述领域展开长期合作。2014年6月，君乐宝与乳制品配料领域供应商 —— 爱尔兰KERRY集团签署战略合作协议，双方将在全球范围内积极探索互利共赢的合作方式。2014年6月，君乐宝与全球检验、检测机构——瑞士通用标准公证行(SGS)举行战略合作发布会，双方将携手合作助力君乐宝奶粉全产业链安全体系，共同打造高品质的奶粉。2014年3月，君乐宝与中国营养学会联合创建“中国营养学会-君乐宝婴幼儿营养合作研发中心”，这是中国营养学会与企业合作的首家婴幼儿营养合作研发中心，旨在为中国宝宝开发更为专业、营养、健康的好奶粉。

让健康充满活力

企业文化

企业使命

让全体员工在物质和精神都得到幸福的同时，为消费者提供健康、营养安全的乳制品。

企业愿景

成为中国营养健康食品企业领先者

企业司训

至诚　至善　至爱

企业精神

敢想　敢干　坚持

君乐宝
JUNLEBAO
让健康充满活力

企业价值观

责 任

对员工负责、对客户负责、对奶农和合作伙伴负责，对股东负责，对社会负责。做一个有责任感的公司和员工。

尊 重

只有尊重他人，才能赢得他人的尊重，建立相互尊重的文化，让人人都感到伟大和崇高，在工作中感受生命的意义。

诚 实

内心与言行一致，不虚假，诚实做人才能踏实做事，踏实做事才能走得长远。

可 信

可以相信、可以信赖，真实可信。

服 务

每个人都要有服务心态，服务好客户、奶农、供应商；上级服务好下级，生产服务好销售，销售服务好市场，市场服务好消费者，职能服务好业务部门。

共 赢

做每一件事，不能只考虑自己的利益，必须先为他人利益着想，你才能获得利益。

君乐宝
JUNLEBAO
让健康充满活力

品牌理念

牢记总书记嘱托，让祖国的下一代喝上好奶粉

2017 年 1 月 24 日，习近平总书记在君乐宝旗帜乳业考察时做出重要指示，要打造出具有国际竞争力的乳业产业，培育出具有世界知名度的乳业品牌，希望国产品牌在市场中起主导作用，让祖国的下一代喝上好奶粉。

君乐宝
JUNLEBAO
让健康充满活力

社会责任

为了更好地履行社会责任，君乐宝专门成立了“君乐宝公益基金会”，用于贫困地区基础设施建设、重大疾病防治、贫困学生资助、赈灾及家庭援助等公益项目。自 2012 年起，君乐宝独家支持河北省青少年“自强之星”评选活动，为评选出的 100 多位自强不息、品学兼优的“自强之星”捐助助学金。

2017 年，君乐宝乳业集团积极落实开展君乐宝“中国小康牛奶行动”，在农业部、中国奶业协会和各地政府的支持下，捐助了 20 余万提、总价值 1200 万元的牛奶产品。

2020 年 1 月 28 日，君乐宝乳业集团宣布捐赠 2700 余万元的款物用于支援新冠肺炎疫情防控，从海外购得的 10.1 万只医用口罩全部捐赠。君乐宝乳业此次捐赠具体包括：向中国红十字基金会捐款 600 万元现金，用于新冠肺炎疫情防控工作；捐赠价值 1950 万元的乳制品，为奋战在抗击疫情一线的湖北、河北等地医务工作者和疫区公众提供营养补充。

2020 年 2 月 10 日，君乐宝乳业集团向石家庄市行唐县捐赠 20 余万元乳制品，包括奶粉、纯牛奶等营养品，为奋战在抗击疫情一线的工作人员提供健康和营养保障。

2020 年 2 月，君乐宝乳业集团通过中国红十字基金会追加捐赠价值约 7500 万元的奶粉，为湖北等疫情严重地区购买不便的婴幼儿、孕产妇等人群提供营养支持。至此，君乐宝累计捐赠款物总额已超 1 亿元。

2020 年新冠肺炎疫情期间，君乐宝乳业集团捐赠 7500 余万抗疫物资。

2021 年 9 月 30 日，在东京赛场上勇创佳绩的巩立姣、孙颖莎等 12 名河北运动员和陕西全运会冠军巨文馨等河北健儿走进君乐宝，实地探寻君乐宝冠军品质，点赞家乡企业。同时，为致敬健儿们奋勇争先、顽强拼搏的体育精神，君乐宝前期通过河北省体育发展基金会捐资的 1000 万元，也在现场分发到巩立姣、孙颖莎等运动员手中。

2021 年 1 月，河北石家庄突发新冠肺炎疫情。截至 1 月 14 日，君乐宝乳业已陆续向石家庄市长安区、桥西区、新华区、裕华区、藁城区、鹿泉区及邢台等地捐赠 5 万余箱、价值 300 万元的乳制品，主要面向 4000 多名疫情防控一线工作人员、3000 多名一线交警、隔离群众以及江苏、浙江检验医疗队等。特殊时期，君乐宝的产品货物均开展核酸检测，随货配备检测证明，确保产品安全放心。君乐宝还紧急开通相关小程序等线上服务端口，力保婴幼儿奶粉、酸奶、牛奶供应，并提供石家庄三环内无接触配送服务。

君乐宝
JUNLEBAO
让健康充满活力

企业荣誉

2010年4月，在2009年度中国品牌与传播大会上，揭晓了“新锐品牌奖”，君乐宝乳业摘得这一桂冠。

2011年，酪爵庄园欧式酸奶酪喜获首届环京津食品工业展洽会金奖，这是该产品继获得“2011年西安世界园艺博览会定制乳制品”称号和SIAL China 2011食品展“特别奖”与“创新产品”称号之后，再次在食品界展会上摘得桂冠。

2011年3月，君乐宝益生菌酸牛奶获得国家食品药品监督管理局审批的“国食健字”号证书。标志着君乐宝益生菌酸牛奶的保健功能获得了国家权威部门的认可，君乐宝的自主研发能力上升到了一个新的台阶。

2011年4月19日，第三届营养健康产业博览会在北京展览馆举行。君乐宝携旗下创新产品多谷力谷物浓浆进行参展，君乐宝获得由主办方授予的“2011营养健康科技先进企业”称号。

2015年1月，君乐宝婴幼儿配方奶粉荣获2014年度“质量优秀奖”。

2015年7月，君乐宝奶粉通过食品安全标准（BRC） A+认证，成为获得A+顶级认证的婴幼儿奶粉企业。

2016年5月，君乐宝乳业凭借多年来为国民营养健康事业做出的贡献，获得由中华全国总工会授予的“全国五一劳动奖章”。

2016年8月，君乐宝国产婴幼儿配方奶粉宣布以“陆港同质同价”进入香港市场。

2016年8月，爱尔兰举行的2016年世界食品科技大会上，君乐宝乳业旗下的舒适成长系列婴幼儿配方奶粉成功摘取“全球食品工业创新大奖”。

2016年10月，君乐宝乳业在产品研发和行业创新方面，获得PDMA(产品研发及管理协会)颁发的“2016年卓越创新企业特别奖”。

2017年8月，继2016年进入香港市场后，君乐宝婴幼儿奶粉又通过各方严苛审核进驻澳门市场，成为通行于港澳市场的国产奶粉。

2017年9月，工信部公布了2017年智能制造试点示范项目名单，君乐宝凭借“婴幼儿奶粉及液态奶智能制造试点示范项目”成功入围。

2017年12月，在“第十届中国企业社会责任峰会暨2017中国社会责任公益盛典”上，君乐宝凭借“自强之星”公益助学项目荣获“2017中国社会责任公益慈善奖”。

2018年初，君乐宝奶粉在香港通过第三方独立检测机构“小鱼亲测”的检测。

2018年5月，君乐宝奶粉获“世界食品品质评鉴大会”金奖。

2018年5月28日，在国际权威质量评定组织B. I. D举办的2018年度IQS质量峰会和颁奖大会上，君乐宝荣获峰会颁发的“国际质量管理卓越和创新钻石奖”。

2018年6月，君乐宝获得由国际权威商誉质量评估组织B. I. D颁发的“国际质量管理卓越和创新钻石奖”。

2018年11月，君乐宝喜获“中国质量奖提名奖”殊荣。

2018年11月，由新华网主办的2018年度中国食品发展大会上，君乐宝乳业集团连续4年荣膺“金箸奖”2018年度食品标杆企业称号。

2019年2月，君乐宝乳业集团自主研发的“干酪乳杆菌N1115”获第20届中国专利优秀奖。

2019年6月13日，君乐宝乳业集团荣获河北省“千企帮千村”精准扶贫行动先进民营企业荣誉称号。

2019年6月26日，第13届全球乳制品大会在葡萄牙里斯本举行，君乐宝乐铂K2儿童成长配方奶粉和“悦鲜活”牛奶分获“最佳儿童乳品奖”和“最佳工艺创新奖”两项大奖。

2019年8月，君乐宝乳业集团在“2019中国民营企业500强峰会”上入选2019中国民营企业制造业500强。

2019年8月23日，君乐宝在全国工商联十二届三次常委会上入选中国民营企业社会责任优秀案例。

2019年8月30日至9月1日，在中国乳制品工业协会第25次年会上，君乐宝乳业集团获以乳扶贫优秀企业奖、振兴中国乳业科技创新带头人奖、优秀论文奖、技术进步奖特等奖和技术进步奖二等奖5项大奖。

2019年11月，君乐宝获评艾媒金榜(iiMedia Ranking)发布的“2019电商消费母婴用品品牌TOP10榜”。2019年12月，君乐宝获评艾媒金榜(iiMedia Ranking)发布的“2019婴儿奶粉新消费品牌榜TOP10”。

2019年12月15日，君乐宝获2019中国品牌强国盛典十大年度新锐品牌。

2019年12月，君乐宝入选2019中国品牌强国盛典榜样100品牌。

2019年12月，君乐宝在中国企业社会责任峰会上获得精准扶贫奖。

2020年3月，君乐宝在邯郸市大名县投资的邯郸君乐宝乳业有限公司液态奶工厂和万头奶牛牧场项目正式开工建设。

2020中国企业家博鳌论坛在海南博鳌举行，会上，有着中国食品行业“奥斯卡”之称的“金箸奖”系列奖项评选结果揭晓，君乐宝乳业集团凭借新冠肺炎疫情期间保供增产、积极履行社会责任、助力经济复苏、引领新消费升级等突出表现，在亿万网民的推选下，摘得“中国食品企业七星责任奖”。

2020年8月，君乐宝“白小纯”斩获世界食品品质评鉴大会金奖。

2020年8月，君乐宝乳业集团推出小小鲁班诠维爱儿童配方奶粉。

2020年11月，君乐宝乳业集团凭借创新驱动高质量发展、充分承担企业公民责任，在网易·新能量乳制品行业峰会上获“年度最具影响力品牌”“年度最具社会责任公益品牌”两项大奖。

2020年11月，君乐宝乳业集团在第十八届中国国际农产品交易会暨第二十届中国西部(重庆)国际农产品交易会上获得“乳品类优秀企业品牌”殊荣。

2020年11月27—30日，第十八届中国国际农产品交易会暨第二十届中国西部(重庆)国际农产品交易会在重庆举行。君乐宝乳业集团获“乳品类优秀企业品牌”殊荣，并作为全国乳品类优秀企业品牌代表及河北省品牌农业企业代表，携优萃有机奶粉、悦鲜活等创新产品亮相“全国农业企业品牌推介” “河北省品牌农产品专题推介”活动，展现企业风貌。

君乐宝悦鲜活正式入驻中国国家跳水队，为这个梦幻团队提供“鲜活营养支持”。

2020年12月，君乐宝乐纯奶粉焕新上市。

2020年12月，君乐宝乳业集团在中国企业家博鳌论坛上摘得“中国食品企业七星责任奖”。

2020年12月12日，由人民日报社指导、人民网主办的“2020人民企业社会责任高峰论坛暨第十五届人民企业社会责任奖颁奖典礼”在北京举行。君乐宝乳业集团凭借当年在复工复产、抗击疫情、精准扶贫等方面的优异表现，荣膺“人民企业社会责任奖·年度企业奖”。

2020年12月26日，君乐宝乳业集团以高质量发展的创新实践和卓越成绩推动国产奶业品牌美誉度迅速提升，荣获《南方周末》年度盛典·品牌峰会的“年度影响力企业”大奖。

2020年12月27日，第六届中国工业大奖发布会在京召开，君乐宝乳业集团“国产优质婴幼儿配方奶粉关键技术研究及产业化项目”凭借高质量创新成果，荣获“中国工业大奖表彰奖”。

2021年3月，国家卫健委、国家市场监督管理总局联合发布包括婴幼儿配方食品等在内的50项新食品安全国家标准和4项修改单，君乐宝旗帜婴幼儿配方奶粉通过2021年婴配奶粉新国标产品配方注册。

2021年4月13日，2020年度河北省科学技术奖励大会在石家庄召开，君乐宝乳业集团“婴幼儿配方奶粉安全控制关键技术及产业化项目”荣获“河北省科学技术进步奖一等奖”。

2021年4月16日，河北省人民政府官网发布关于认定河北省农业产业化重点龙头企业的通知，认定君乐宝等964家企业为河北省农业产业化重点龙头企业，有效期至2022年12月31日。

2021年4月23—25日，中国奶业高质量发展推进会暨河北省第三届国际奶业博览会在河北唐山召开。君乐宝乳业集团参与了大会的筹备和组织工作。会上，作为河北省奶业协会会长、君乐宝乳业集团董事长兼总裁魏立华表示：君乐宝以创新升级和高质量发展在中国奶业振兴事业中充分担当，未来将继续为河北奶业做大做强、构建现代化奶业新格局贡献更大力量。

2021年6月20日，河北省奶业协会七届二次理事会在唐山举行。会上，河北省奶业协会正式发布由君乐宝乳业集团等7家单位共同编制的《河北省示范型奶牛家庭牧场》团体标准，这是我国示范型奶牛家庭牧场标准。

2021年7月18日，第十二届中国奶业大会暨2021中国奶业展览会和2021中国奶业20强(D20)峰会在安徽合肥同期召开。峰会上，中国奶业协会发布由君乐宝等D20企业参与起草的《中国奶业D20标准生牛乳》标准，将为提升我国生牛乳品质，重塑消费者信心，促进中国奶业高质量发展提供有力支撑和坚实保障。

2021年9月，中国乳制品工业协会第二十七次年会暨2021年中国（国际）乳业技术博览会在杭州召开。大会以“科技强乳 绿色发展”为主题，汇聚了各主管部委领导、行业领袖以及资深权威专家、科研人员、企业家、国际乳业组织负责人，交流科技前沿信息，共谋乳业发展大计。同期，2021中国乳业系列奖项颁奖仪式举行，君乐宝“新一代鲜牛奶”悦鲜活和乐臻婴幼儿配方奶粉相关项目分别荣获技术进步奖特等奖和一等奖。

2021年9月5日，第十一届中华慈善奖表彰大会隆重举行，君乐宝凭借在抗击新冠肺炎疫情时期稳产保供、捐款捐物超亿元的突出表现，及积极创新精准扶贫模式助力脱贫攻坚，荣获民政部授予的第十一届“中华慈善奖”。

2021年9月16日，2017—2020年度全国群众体育先进表彰活动在西安召开。党和国家领导人亲切接见全国群众体育先进单位、先进个人代表和全国体育系统先进集体、先进工作者代表等。君乐宝凭借体育精神与企业文化相结合，长期坚持参与支持体育事业发展，荣获“全国群众体育先进单位”称号并受表彰。君乐宝是首家获此表彰的乳品企业。

2021年9月17日，中国质量协会发布2021年全国质量标杆名单，君乐宝凭借“实施基于全产业链质量提升、实现协同发展的‘全面质量管理5.0卓越运营模式’的经验”成功登榜，是唯一一家入选该名单的乳品企业。获此殊荣表明君乐宝企业质量管理模式达到了一流标杆水准，并以“全面质量管理5.0卓越运营模式”在乳品质量管理方面走出了一条成熟发展路径。

2021年12月28日，国家市场监督管理总局食品评审中心发布了婴幼儿配方乳粉产品配方注册批件（决定书）邮集详情单。君乐宝臻唯爱通过配方注册。

2022年1月22日，皇氏集团与石家庄君乐宝乳业有限公司、云南皇氏来思尔乳业有限公司、云南皇氏来思尔智能化乳业有限公司签署了《股权转让协议》。根据《股权转让协议》，各方同意，皇氏集团将所持有的来思尔乳业20%股权及来思尔智能化20%股权以总价款20 000万元转让给君乐宝。

文旅项目

君乐宝文化景区成立于2012年，位于河北石家庄，依托君乐宝乳业集团20余年的乳品研发、生产及品牌资源建立，2015年被评为国家AAAA级旅游景区。景区主体以优致牧场、酸奶工厂、奶粉工厂构成，是河北省工业旅游示范点、河北省中小学质量教育社会实践基地、石家庄市中小学生研学实践教育基地及石家庄中小学生科普教育实践基地。景区以文化传承为主要脉络、以乳业加工为龙头，建立起“种养结合、乳品加工、观光旅游”三产融合的特色园区，年接待游客达到百万人次。

君乐宝位于张家口的旗帜工业旅游园区于2016年获评国家AAA级景区，工厂紧邻牧场，从挤奶到加工仅需2个小时，通过全球首创种植、养殖、加工零距离一体化生产模式，让游客见证鲜活好奶粉诞生。

君乐宝威县基地坐落于邢台威县东北部，游客在这里可以领略万亩苜蓿种植、“牧场建在草场里，工厂建在牧场旁”的壮观景象。

蒙牛乳业（集团）河北乳品加工企业

企业介绍

蒙牛乳业于1999年成立，总部位于呼和浩特，中国领先的乳制品供应商，全球乳业排名第七，品牌价值685亿元。始终坚持创新研发，致力于成为全球最值得信赖的营养健康食品公司。中粮集团有限公司是蒙牛乳业第一大战略股东。

蒙牛乳业专注于为中国和全球消费者提供营养、健康、美味的乳制品，形成了包括液态奶、冰激淋、奶粉、奶酪等品类在内的丰富产品矩阵；拥有特仑苏、纯甄、冠益乳、优益C、每日鲜语、蒂兰圣雪、瑞哺恩、贝拉米、妙可蓝多、爱氏晨曦等明星品牌。在高端纯牛奶、低温酸奶、高端鲜奶、奶酪等领域，市场份额处于领先地位。蒙牛产品还进入了东南亚、大洋洲、北美洲等区域的10余个国家和地区市场。2020年，公司营业收入760亿元，净利润35亿元。

蒙牛乳业在河北共有6家工厂、6个奶源部、3家销售子公司，全部隶属于蒙牛集团。

3家子公司分别为石家庄2个、沧州1个，主要经营销售常温、低温液体奶系列产品和冰品。拥有优秀高效的销售精英团队。秉承持续引领乳品的标杆市场的使命，时刻保持必胜决心，绽放自己创造奇迹。

生产工厂分别位于河北省唐山市滦南县、唐山市丰润县、保定市望都县、张家口市塞北管理区、张家口市察北管理区、衡水市武强农业示范区。投资合计33.31亿元，占地面积1155亩，目前拥有生产线89条，日处理鲜奶能力6772吨，奶源方面供奶方奶牛养殖场166家。员工总人数3664人（含外包员工）。为地方经济发展做出卓越贡献。

公司整个生产过程均采用数字化智能控制系统，是目前河北地区现代化程度最高、生产规模最大的乳制品加工龙头企业。公司先后被授予国家级、省级、市级荣誉数百个。

公司认为企业要生存、要发展，产品质量是关键。公司已建立智能化质量管控系统、智能化能源管控系统、SAP系统、智能化出入库系统、LIMS系统、BI系统等，实现了全链条、全要素、全覆盖、可持续、可实时、动态追踪的质量管控大平台。生产制造的完全智能化，大大提高了生产效率和能源利用率，降低了运营成本。

公司围绕“草原牛，世界牛，全球至爱，营养二十亿消费者”的企业愿景。弘扬“每日一斤奶，强壮中国人”的消费和饮食理念，实现与消费者共生共赢。公司秉承“消费者第一第一第一、异想才能天开、让牛人绽放、正直立本、诚信立事”的企业核心价值观，求真务实，在产品、质量、价值观和执行力4个层面上坚持“不妥协”，本着以“点滴营养，绽放每个生命”的崇高使命为己任，专注乳业发展、与时俱进。公司遵照习近平总书记的重要指示精神“奶以安为要”，严抓食品安全与产品品质，牢记嘱托、不负期望，为振兴民族品牌，不断实现人民对美好生活的向往，创建一个世界领先的乳业品牌而努力奋斗。

企业文化

企业使命

点滴营养，绽放每个生命。

企业愿景

草原牛，世界牛，全球至爱，营养二十亿消费者。

核心价值观

消费者第一第一第一

异想才能天开

让牛人绽放

正直立本、诚信立事

企业精神

天生要强，与自己较劲。

企业荣誉

蒙牛荣获“利乐枕无菌包装使用量全球第一”称号，荣列“中国乳品行业竞争力第一名”。企业被自治区列为“二十户重点大企业”之一、“亿元工程企业”和“重点保护单位”。市委、市政府授予企业“纳税状元单位”称号、“经济快速发展突出贡献奖”。

2010年，蒙牛获得了“最受关注的低碳贡献企业”、“中国低碳新锐企业”、“中国低碳节能优秀企业奖”、“中国城市消费者钟爱的世博概念品牌”、探月工程唯一指定乳制品、“国际食品工业大奖”、“亚洲上市公司50强”的唯一乳企等荣誉。

2011年，蒙牛荣获“中国管理学奖”管理金奖、“全国服务质量先进单位”、连续5年服务博鳌并获得“博鳌之星”称号、连续5年荣列全国市场同类产品销量销售额第一名、“2011全球广告主周——中国最具消费者信赖奖”、2011妇博会“展会特别奖”、“2010—2011年度杰出品牌大奖”等称号。

2012年，蒙牛产品全线开花，特仑苏获中国国际有机食品博览会乳品唯一金奖；未来星荣获第十三届中国国际食品和饮料展SIAL China 2012创新大奖、世界食品品质评鉴大会Monde Selection大奖、第四届中国国际妇女儿童产业博览会新产品奖；蒙牛佳智有机婴儿配方奶粉获得第四届中国国际妇女儿童产业博览会新产品奖；新养道珍养牛奶获得第四届中国国际妇女儿童产业博览会最具人气奖；优益C活性乳酸菌饮料获得第四届中国国际妇女儿童产业博览会优秀产品奖、第十三届中国国际食品和饮料展创新大奖。蒙牛益优特、欧世蒙牛婴儿配方奶粉分别获得第十三届中国国际食品和饮料展创新大奖。

2013年，蒙牛获得“百佳最爱品牌大奖”“企业交易最佳投资者关系奖”“2013年最佳公司治理-钛金奖”“影响中国2013年度最具企业社会责任品牌”“2014年BrandZ™最具价值中国品牌第21位”，蒙牛特仑苏获得“影响中国2013年度领军品牌”，蒙牛优益C获得“最具潜力品牌大奖”及“妈妈最爱品牌大奖”。

2014年，蒙牛获得“2013年人民企业社会责任优秀案例奖”。2014年蒙牛荣登“中国最佳表现公司Best50”，蒙牛入选中国500强位列128位，较2013上升9位等，再次彰显了蒙牛品牌的影响力；蒙牛总裁孙伊萍获得“影响中国2014年度品牌贡献人物”“2014年福布斯中国商界女性排行榜”第5名等奖项，获得外界好评；蒙牛持续践行开放沟通，由其发起的“你的疑问我的责任”消费者沟通项目屡获嘉奖；此外，蒙牛还获得2014年度中国十佳幸福企业称号。

2015年，蒙牛集团位列荷兰合作银行“全球乳业20强”榜单第11位、蒙牛斩获3项C-BPI品牌力指数冠军（液态奶、酸奶、冰激凌/雪糕）、2015《财富》中国500强第123位等，再次彰显了蒙牛品牌的影响力；此外，蒙牛在质量、食品安全领域也获得内蒙古食品安全标杆企业、中国食品七星质量奖等多个奖励，以及“国家级出口食品农产品质量安全示范区”称号等行业标杆奖项。

2016年，蒙牛荣膺亚洲最具潜力企业管治奖、最具品牌价值上市公司、人民企业社会责任奖领军企业奖、“中国航天事业贡献奖”、2016年度中国液态奶行业C-BPI品牌力第一名，嗨MILK荣获2016年iF设计大奖。

2017年，蒙牛连续3年获“中国优秀企业公民”，蒙牛蝉联“乳品企业社会责任发展指数”第一，同年还获得“2016年度自治区主席质量奖”“婴幼儿配方乳粉质量金奖”，蒙牛随变随芯果新品上市获最佳社会化整合营销金奖等。

伊利集团河北省分公司

企业介绍

内蒙古伊利实业集团股份有限公司是中国规模最大、产品品类最全的乳制品企业，也是先后为2008年北京夏季奥运会、2010年上海世博会、2022年北京冬季奥运会提供乳制品服务的唯一一家官方合作伙伴。2021年8月25日，荷兰合作银行发布2021年“全球乳业20强”榜单，伊利集团位列全球乳业第五、蝉联全球乳业五强，连续8年稳居亚洲乳业第一。面对新冠肺炎疫情和全球经济的不确定性，伊利集团2021年实现营业总收入1105.95亿元，同比增长14.15%，营收增长绝对值超过137亿元，成为中国乃至亚洲首家营收突破千亿的乳制品企业；2022年一季度营业总收入达310.47亿元，同比增13.47%，呈现全新的增长态势。

伊利集团河北省分公司位于石家庄市桥西区，面积1160平方米，2010年10月投入使用，为营销总部及4个事业部销售区域提供办公平台（晋冀蒙营销总部、石家庄销售区域、酸奶石家庄销售区域、奶粉冀南销售区域、冷饮冀南销售区域），常驻平台人员108人。

伊利集团近年来累计在河北省投资70亿元，分别在滦州市、定州市、张家口市、廊坊市等地建设4座乳制品加工厂、10座规模化牧场、2座饲料生产厂。河北省2021年伊利集群项目年产值总额达145亿元。

高品质的奶源供应

2022 年，伊利在全国拥有自建、在建及合作牧场近千座，其中，规模化集约化的养殖在奶源供应比例中达到 100%，居行业首位。

与国际接轨的品质管理标准

2014 年，伊利集团与 SGS（瑞士通用公证行）、LRQA（英国劳氏质量认证有限公司）和 Intertek（英国天祥集团）达成战略合作，升级伊利全球质量安全管理体系，进一步提升伊利食品质量安全风险控制的能力。

品质管控体系

2015 年 11 月，根据全球健康食品产业新趋势，伊利将质量管理工作战略升级为“质量领先 3210 战略”，聚焦“全球最优品质”，持续升级全球质量管理体系。

企业文化

企业信条：伊利即品质

最高准则：视品质如生命

最高标准：100%用心，100%安全，100%健康

最高行为：人人都是品质创造者

企业愿景：成为全球最值得信赖的健康食品提供者

滋养生命活力，让世界共享健康，是我们存在的价值和意义

以消费者为中心，提供最优品质的产品和服务

为员工创造美好生活

倡导健康生活方式

引领全球行业发展

致力于可持续发展，善尽社会责任

企业价值观

卓 越

持续超越　不断突破　力争做到更好

担 当

用心尽责　大局为重　确保使命必达

创 新

持续学习　勇于尝试　不断创造价值

共 赢

乐于分享　主动协作　实现多方共赢

尊 重

拥抱多元　换位思考　建立互信关系

企业精神

伊利人以始终如一的主人翁心态、高度的责任心和超强的执行力，铸就了伊利人特有的精神内核，锻造了伊利持续卓越发展的内在动力和核心竞争力。

三元奶粉
国家母婴研究中心专利配方

河北三元食品有限公司

企业介绍

三元食品股份有限公司是以奶业为主、兼营麦当劳快餐的中外合资股份制企业。前身是成立于 1956 年的国营北京市牛奶公司。

三元食品与新中国乳业一起，经历由小到大、由弱变强，从国内走向国际的发展历程。三元食品拥有全资及控股子公司 16 家，拥有北京麦当劳 50% 股份和广东麦当劳 25% 股份。三元食品涵盖低温鲜奶、低温酸奶、常温高端奶、常温酸奶、常温乳饮料、奶粉、干酪及冰激淋、植物涂抹酱等系列产品。依托首农食品集团奶业全产业链优势，三元食品建立了完善的全程质量可追溯体系，是中国北方知名的鲜奶品牌和全国有影响力的奶酪生产商。肩负着振兴民族乳业的重任，以品质先行为己任，以润泽万家为福祉，以活悦人生为信念，立志成为中国受尊敬的乳品品牌。

三元食品专注于研发生产适合国人的乳制品，坚持以“健康国人”为己任，以科研创新实现产品质量升级，驱动产业发展。拥有国家认定企业技术中心、企业博士后科研工作站、国家乳品加工技术研发分中心、国家级母婴乳品健康工程技术研究中心，牵头成立“国家乳品健康科技创新联盟”，并获得“北京老字号”认证。

三元秉承至诚之心，缔造至臻品质。初心不改，只为一杯好牛奶！

三元奶粉
国家母婴研究中心专利配方

企业文化

目 标

以品质先行为己任

以润泽万家为福祉

以活悦人生为信念

成为中国受尊敬的乳品品牌

使 命

用至诚之心缔造至臻产品

企业价值观

品质就是良心与责任心的凝结

企业精神

团结　忠诚　拼搏　奉献

保定完达山乳品有限公司

企业介绍

保定完达山乳品有限公司是北大荒集团完达山乳业股份有限公司旗下的子公司。

1958年，王震将军带领10万转业官兵开垦北大荒，并在完达山脚下成立完达山食品厂，完达山品牌亦由此而得名。2022年完达山乳业连续19年入围亚洲品牌500强，品牌价值521.52亿元。

保定完达山乳品有限公司坐落于河北省保定市高阳县高保路东河路口，2003年8月建厂，2005年3月投产，注册资金2200万元，是以液态奶生产为主的子公司，以生产乳制品和饮料为主。公司占地面积35亩，现有人员170人，大中专以上人员占60%，有专业技术资格职称人员30余人。拥有先进的专业化生产设备，现有百利包生产线1条，常温无菌纸盒灌装线4条，年生产量20 000吨左右，产品主要销往华北地区。

公司实行现代企业管理制度，通过了ISO9001质量体系、HACCP体系、ISO14000环境体系及诚信体系认证，全程导入7S管理制度。公司有专业检验室以及先进的检验设备，检测化验中心专业技术人员13名，配置了先进的成套检测设备，原料奶快速检测仪、成品微生物检测仪、液项色谱仪、体细胞检测仪、气项色谱仪、原子荧光光度计和原子吸收光度计等精密检测仪器，完全按照高于国家标准的内控标准批批检测，严格执行产品出厂检验制度，确保出厂产品全部合格。在生产系统和市场系统做到了“四检三查三追溯”（四检：原奶及原料进厂检验、生产过程检验、成品出厂检验、第三方检验；三查：自查、互查、监管部门风险监察；三追溯：产品去向可追溯、生产过程可追溯、使用原料可追溯），实现了对产品质量与食品安全的全过程监控与全方位追踪，建立了质量管理的长效机制。

公司拥有得天独厚的地理优势和强大的品牌影响力，为响应国家奶业振兴计划，“十四五”期间，保定完达山乳品有限公司建立起以东北为中心，以华北为依托，逐步向西北、西南、华东、华南等市场加速开发。保定完达山乳品有限公司作为保定市龙头企业，多次得到政府帮扶，促进企业提质增效、做大做强。目前公司实现年营业收入1亿元、利税约200万元。同时带动当地奶业发展，承担当地奶业社会责任，受到政府高度重视。

2021 年保定完达山乳品有限公司投入近 500 万元用于车间改造升级，打造高标准乳品生产车间。未来计划在现有生产线的基础上引进更新生产线，丰富产品结构，为公司发展助力，国家乳业振兴添彩！

企业文化

核心价值观

传承　创新　诚信　担当

品牌理念

为所爱　尽所能

质量理念

质量是完达山的生命

经营理念

互利共生　和谐共赢

企业宗旨

奉献绿色食品　关爱大众健康

共同愿景

追求卓越　创造幸福　让生命更有意义

新希望

新鲜一代的选择

河北新希望天香乳业有限公司

企业介绍

河北新希望天香乳业有限公司为新希望集团旗下全资子公司，专注乳品生产近70年。公司位于保定市满城区新兴产业园区，占地120亩，主生产车间建筑面积35 987平方米，能源中心建筑面积2337.4平方米，倒班宿舍楼建筑面积6297平方米，现有员工567人。引入全套自动化前处理生产线，26条低温灌装线、13条常温灌装线，年生产能力18万吨。以企业资源计划系统ERP-SAP为核心，集成制造执行MES等系统，完成了信息一体化平台建设，实现了智能化与信息化的完美结合，解决了传统工厂向智能工厂的转型。同时被省工信厅认定为河北省“互联网+制造业试点示范企业”“数字化车间”“专精特新”中小企业。

拥有“发酵乳”“灭菌乳”“调制乳”“巴氏杀菌乳”“饮料”五大系列70多个品种，产品畅销省内外。近年来公司自主研发的活润果粒酸牛奶、原态酪乳、初心风味发酵乳、城市记忆风味发酵乳系列、24小时鲜牛乳等低温产品以高端品质深受消费者欢迎。

天香学生奶以“安全、营养、方便、价廉”为方针，以提高青少年的营养健康状况，使青少年养成良好的健康意识并逐步形成包括牛奶在内的合理膳食习惯为目的。天香学生奶以其稳定的质量和丰富的口感在行业中具有绝对优势。并远销山西、海南等地。近期已通过了河北省课间奶标志认证。通过大力发展学生奶、课间奶饮用，为国家提升民族身体素质的长远计划做出贡献。

天香乳业是中国奶业协会理事单位、河北省奶业协会副理事长单位、保定市奶业协会会长单位，是河北省食品工业协会副会长单位、保定市食品行业协会会长单位，目前已被认定为“高新技术企业”，建有“保定市乳品研发及质量安全控制工程技术研究中心”“河北省益生功能性乳制品技术创新中心”“省级企业技术中心”，被评为“A级河北省规模以上工业企业研发机构”“河北省科技型中小企业”“河北省科技小巨人”“河北省农业科技小巨人”。被中国奶业协会评为“全国优秀乳品加工科技创新企业”、被授予“中国食品工业协会2018—2019年度全国食品工业科技竞争力优秀企业”称号、被河北省农业农村厅评为 “省级农业产业化重点龙头企业”、被认定为河北省2018年度农业领军企业品牌，同时被河北省农业农村厅评定为第三届河北省“二十大”农产品企业品牌。牵头组建的保定市乳制品产业联合体被认定为“省级示范农业产业化联合体”。公司建立的“天香优质乳科普基地” 2020年被省科技厅认定为首批河北省科普示范基地。建有AAA级国家旅游景区，2019年4月被评为“保定市中小学家乡文化教育基地”、2021年11月被评为保定市首批“儿童友好试点单位”。2021年2月被保定市人民政府评为“保定市优秀民营企业”。被河北省食品工业协会评定为“河北省食品特色品牌”。

2017 年 12 月 18 日，新希望天香乳业成为华北首家通过优质乳工程验收的乳品企业。天香巴氏奶达到了优质原料奶、低热处理、最活性物质、全程冷链的中国好鲜奶标准。把近在身边的好牛奶，第一时间送到消费者手中，让消费者真正体验鲜、活、健康、安全。

公司先后取得 ISO9001:2015 质量管理体系、GB/T27341—2009、GB/T27342—2009 乳制品危害分析与关键控制点(HACCP)体系、GB/T24001—2016/ISO14001:2015 环境管理体系、(FSSC) 22000 食品安全体系认证、GB12693—2010 良好生产规范(GMP)认证、OHSAS18001:2007 职业健康安全管理体系、诚信管理体系认证，具备先进的研发、生产、质量控制水平。

2021 年底，公司总资产 4 亿元，2019—2021 年营业收入分别达到 7.02 亿元、6.79 亿元、8.1 亿元，缴纳税金分别为 1041 万元、1851 万元、1789 万元，对当地经济产生有力的带动作用。

新希望
新鲜一代的选择

企业荣誉

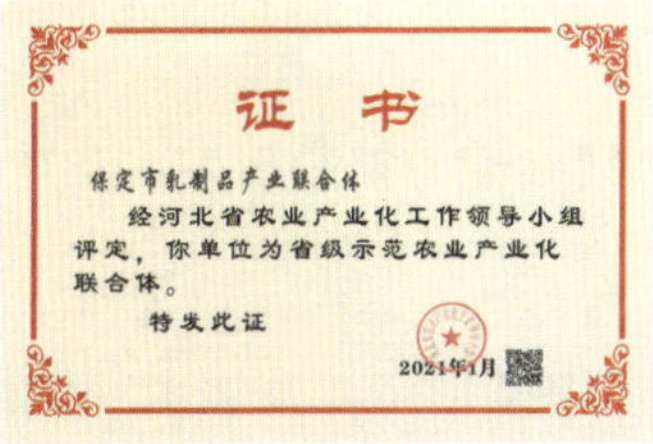

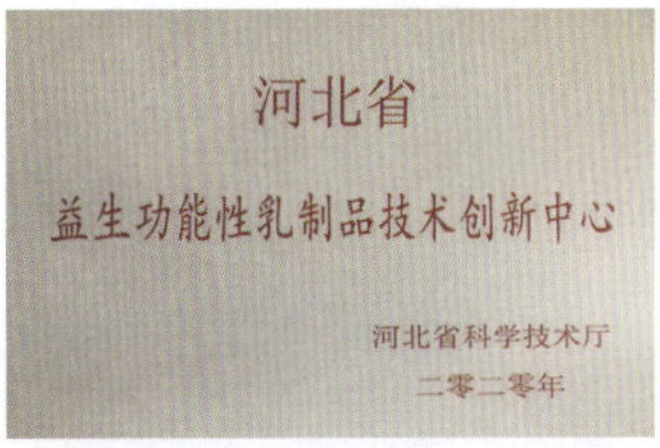

旗帜婴儿乳品股份有限公司

企业介绍

旗帜婴儿乳品股份有限公司位于北纬 41° 坝上草原，是从事婴儿配方奶粉研发、生产、经营的大型企业。

企业总投资 40 亿元，牧场占地达 2 万亩，婴儿奶粉年产能 6 万吨，创造养殖加工一体化产业新模式，实现“牧草种植、饲料加工、奶牛养殖、生产加工”直通一体化。鲜奶无需贮存和运输，即挤即加工，有效降低原奶被污染的风险。优选先进生产工艺及技术设备，生产全自动、全封闭、智能化，一次成罐，全程可追溯，从源头保障产品的质量和安全。

企业文化

企业定位

做养殖、加工一体化模式引领者

企业理念

专业、专心、专注于婴儿乳制品制造

企业使命

牢记嘱托，让祖国的下一代喝上好奶粉

企业愿景

致力于做全球婴儿奶粉品质第一品牌

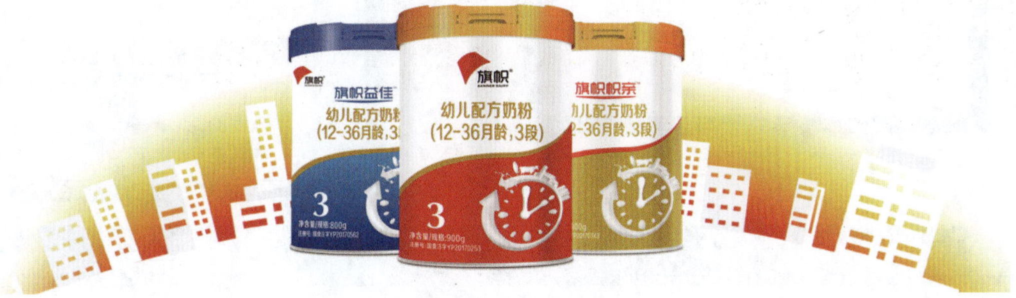

企业荣誉

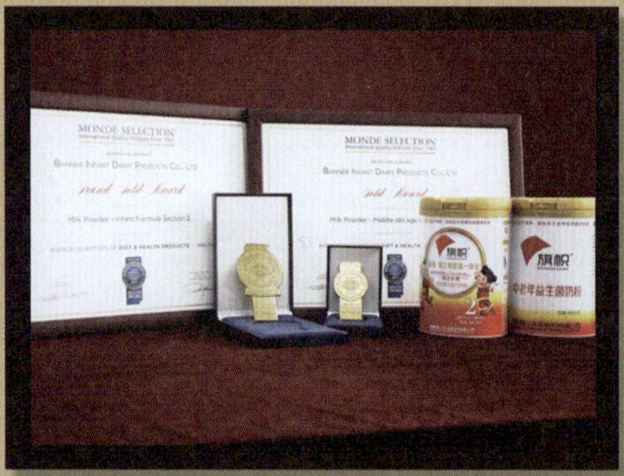

荣获“2017世界食品品质评鉴大会最高荣誉 —— 特别金奖”

荣获“爱心企业特别奖”荣誉称号

获批国家AAA级旅游景区

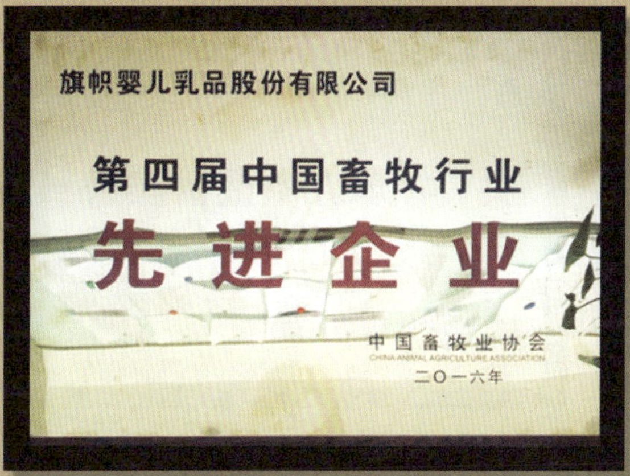

Ⓐ 荣获“河北省农业产业化重点龙头企业”荣誉称号

Ⓐ 荣获第四届中国畜牧行业“先进企业”荣誉称号

Ⓐ 荣获“最具爱心企业”荣誉称号

Ⓐ 荣获“2015年中国儿童少年公益事业勋章奖”

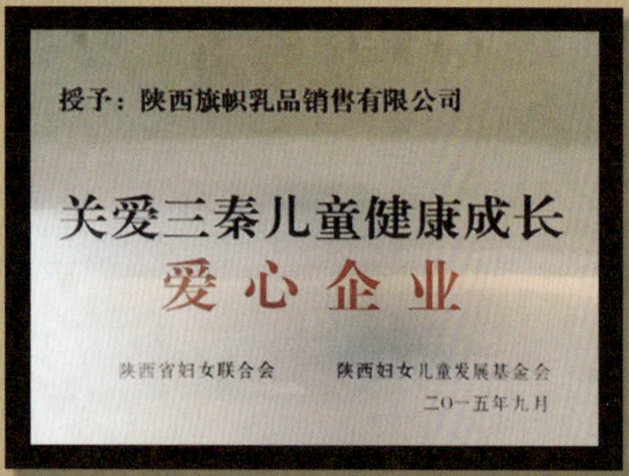

荣获“关爱三秦儿童健康成长爱心企业”

荣获“张家口国际商会常务理事单位”

荣获“张家口市动物疫病风险评估A级企业”

荣获“中国奶业协会第六届理事会常务理事单位”

⊙ 荣获“关心下一代爱心企业”荣誉称号

⊙ 荣获“公益慈善企业”荣誉称号

⊙ 荣获“2015年度湖北市场最受孕妈喜爱的品牌”

⊙ 荣获2015年度“河北名片”荣誉称号

河北认养一头牛乳业有限公司

企业介绍

“奶牛养得好，牛奶才会好。”创始人徐晓波 2014 年在河北省故城县建立公司第一座大型现代化牧场，并于 2016 年 10 月在杭州正式打响“认养一头牛”这一新锐乳业品牌。公司以“只为一杯好牛奶”为使命，从牧草种植、奶牛养殖等源头环节把控牛奶品质的同时，通过跨界联名、内容共创、互动营销等方式，实现产业链、品牌和消费者的深度连接。“认养一头牛”已经发展成集奶牛养殖、牧草种植、旅游观光、饲料加工和乳制品加工销售于一体的乳业全产业链公司。

产业链布局——“认养一头牛”以“只为一杯好牛奶”为使命，以奶牛养殖与牛奶产品销售为核心主业，是集奶牛养殖、旅游观光、饲料加工和乳制品加工销售于一体、一二三产业高度融合的大型农业产业化集团。

现代化牧场——公司在国内已拥有 7 座牧场，分别位于河北、山东、黑龙江等地，存栏奶牛约 6 万头。其中，位于河北省故城县的康宏牧场占地面积约 1200 亩，存栏奶牛上万头，是农业农村部奶牛标准化示范牧场。

通过引进世界先进的设备，同时借助数智化技术实施科学管理，“认养一头牛”牧场全方面管理奶牛健康，并在兼顾奶牛舒适度的同时，不断提升牧场管理效率与管理水平。

全球先进工厂——公司位于山东临沂市的智造基地，占地 123 亩，总建筑面积约 5 万平方米，于 2020 年 10 月正式投产。基地引进瑞典利乐、法国西得乐无菌冷罐等全球先进的产线及工艺，是一座拥有日处理乳制品能力达 800 吨的大型乳品加工基地，并通过全产业链的数智化升级，为乳制品提供品质保障。

企业文化

品牌使命

只为一杯好牛奶

品牌愿景

数智化乳业第一品牌

企业价值观

客户第一，诚信担当，合作共赢，幸福进取

企业荣誉

2017 年获农业部颁发奶牛标准化示范场

2017 年河北省农业产业化重点龙头企业

2018 年新匠人年度人物

2018 年中国青贮饲料质量评鉴大赛金奖

2019 年金麦奖品质类大奖

2019 年天猫最具影响力品牌奖

2019 年 BO+ 大赏年度直播创新奖

2019 年中国连锁经营协会最受关注厂商奖

2020 年 iSEE 食品创新力大奖

2020 年（iTQi）Superior Taste Award 世界美味大奖

2021 年旗下河北康宏牧业获评“河北省农业产业化重点龙头企业”

邯郸康诺食品有限公司

邯郸市康诺食品有限公司(以下简称"康诺食品")创建于 1997 年，注册资金 8000 万元，是集乳制品加工、市场销售、冷链仓储以及科研技术为一体的河北省农业产业化龙头企业。近年来，康诺食品依托国家级农业发展平台滏东现代农业产业园，着力做深做精农产品加工业，推动现代农业产业提质增效，不断向高端化、智能化、绿色化方向发展。

康诺食品地处邯郸经济技术开发区农产品加工园区明珠大街 6 号，厂区占地 200 余亩，拥有深受信赖的企业品牌声望，旗下产品荣获"河北省著名商标""河北省优质产品""河北省名牌产品"等省级奖项，同时公司也是国家科技型中小企业。通过了"全球食品 BRC 体系""诚信管理体系""ISO9001 质量管理体系""乳制品 HACCP 体系"认证。

专注巴氏鲜奶、酸奶等低温产品

康诺食品以巴氏鲜奶、风味发酵奶等低温产品为主导，涵盖液态奶、鲜活酸奶、希腊酸奶、活性乳酸菌饮料等品类，其中巴氏鲜奶市场占有率达 90% 以上，订户逾百万户，承载着邯郸、武安、邢台、安阳等两省四地的巴氏鲜奶供应，是河北省奶业振兴重点实施单位。

开创"送奶到户"的销售模式

康诺食品创业伊始，依托邯郸市丰富的奶牛养殖资源，秉承"用心造好奶"的企业宗旨，开创了"送奶到户"的销售模式，减少了销售环节，从工厂直达餐桌，提高了配送质量；独创"电话一打，康诺到家"的全方位服务模式，客服热线 24 小时开通，消费者随时享受产品"停、启、转、换"的服务。

2015 年，康诺打造"极鲜达"手机 App 软件，积极推进"互联网 +"，实施科技创新，客户可通过手机关注康诺公众号，通过微信商城随时随地订购新鲜牛奶。

2018年，公司投资千万元购买600余台智能售卖机，投放在邯郸、武安、安阳、邢台市内各大社区、购物商圈、学校、旅游景点，方便消费者购买产品。公司拥有专人队伍定期定时对自动售货机进行产品的日常监察管理，确保消费者随时随地能购买到新鲜安全的营养乳制品，极力贯彻康诺“新鲜好奶，在身边”的品牌“鲜立方”战略。

2020年，康诺在天猫、京东、拼多多等线上设立官方旗舰店，进一步拓宽销售渠道。

公司根据市场潜力及产品策略规划，立足河北，在京、津、冀、鲁、豫五大地区深度布局，逐步扩大销售半径，深化多维全渠道营销模式，构建了一支以“鲜战略”为核心价值的城市型低温乳品企业联合舰队。

生产设备先进，产品质量可追溯

2020年，康诺食品日处理300吨生鲜乳加工线投产，新工厂采用国际先进的乳制品生产装备和检测设备，丰富了产品类别，实现了工厂数字化、信息化、产品质量可追溯管理。

工厂将巴氏鲜奶、酸奶等每条产品线科学布局，并配置了一条希腊酸奶生产线，菌种实现在线无菌添加，超洁净设计，工厂的硬件和软件配置均达到国际水平，对标欧洲、澳大利亚先进生产工艺 ，建设柔性生产线，满足多种高端乳制品的生产要求。

坚持每日配送，每日新鲜

康诺食品建立自有冷链、仓储配送系统，确保牛奶处于2～6℃的冷藏保鲜状态，坚持每日配送，每日新鲜，不断提升品质管控和顾客满意度。

推动产品创新，整合资源

2020年，康诺食品斥资2亿多元自建新的供应链体系，于北京创立了专注高端乳制品研发的子品牌“吾岛”—— Öarmilk（中文名“吾岛牛奶”）。Öarmilk已启动国内与海外双市场，与加拿大、芬兰等10余个国家驻华大使馆建立合作关系，成为众多大使馆酸奶产品指定供应商。此外，还与北京、上海、广州、苏州等一线及新一线城市的数百家知名健身房和运动俱乐部品牌达成战略合作。

康诺食品一直坚持和推动创新战略，紧紧围绕国际乳业研发的重点领域，整合海内外研发资源，从全球视角布设一张涵盖全球先进研发机构的创新网络。公司先后投入资金 1000 多万元建设了中心化验室，品质检验要经过三重关卡、105 道检测程序：入场检验、过程控制检验、出厂检验，以及其中六大类近百项检验指标，实现企业与质检机构同步检测，打造安全奶工程，确保产品质量。

康诺食品牢牢把握立足新发展阶段、贯彻新发展理念、构建新发展格局的要求，统筹推进“五位一体”总体布局，协调推进“四个全面”战略布局，保持现有的企业优势，继续扩大经营范围；扩大企业规模的同时最大化地提升企业效益，践行成为助力中国巴氏鲜奶全面发展的高端品牌。

邢台德玉泉食品有限公司

邢台德玉泉食品有限公司（以下简称“德玉泉”）始创于1993年，历经近20年积累、沉淀，公司一直秉承“客户至上，创新服务”“以德取胜，以质生存”“同舟共济，幸福企业”的经营理念。

邢台德玉泉食品有限公司占地13 800多平方米，车间占地面积达4000多平方米，投资3000多万元兴建而成，是集研发、生产、销售为一体的现代科技型企业，2013年投资建设的新厂区日生产能力在300吨。

公司以年轻科技人才、有志之士为骨干，聘请专业从事乳品、饮料、营养工程研究工程师和教授为产品开发顾问。组织专业技术人员成立了产品研发中心、质量管理中心和营养工程研究中心，不断在新技术、新工艺、新产品等开发领域稳健拓展。公司注重品质控制，从原料采购检验到生产过程控制，从产品下线入库管理到销售过程管理，德玉泉是为消费者提供新鲜、美味、健康、安全食品的专业制造商！

公司将遵循专业化的经营思路，集中液态奶加工这一专业领域，厚积薄发，锤炼功夫，靠不断强化的核心竞争力，造就百年企业，并愿与志同道合者合作共同促进乳业市场的发展。

公司经营使命：奉献健康、安全、美味乳品，共建和谐、进取、幸福企业，阳光品质，健康生活！

公司理念：客户至上，创新服务；令客户满意是德玉泉永恒追求的目标！

对合作者：合作双赢，共同成长

对员工：学习培训，成就自我

对社会：生存与发展的舞台，回馈与奉献的对象

以德取胜，以质生存：质量是德玉泉生存的基础！

朴诚乳业
为家人和孩子做安心好奶

朴诚乳业承德有限公司

朴诚乳业（集团）有限公司（以下简称“朴诚乳业”）创立于2014年，是一家集畜牧、研发、生产以及销售为一体的低温乳品公司。朴诚乳业成立以来，秉承着“为我们的家人和孩子做一杯安心好奶”的使命，推出了 “简爱”“父爱配方”“身体知道”等多个引领市场潮流的品牌，获得消费者广泛好评。

集团战略布局

• 产业布局

自创立起，朴诚乳业锚定低温奶市场，并致力于以低温赛道推动中国乳业产业升级，实现高质量发展。目前，朴诚乳业构建了以“低温酸奶”为核心，“低温鲜奶”“低温甜品”协同发展的品类版图，以纯净、无添加的理念领跑中国低温乳业，为消费者带来更加安心的乳品选择。

• 供应链布局

朴诚乳业围绕“畜牧养殖”“加工制造”布局“工厂+牧场”一体化超级供应链战略。其中，华北超级供应链位于河北省承德市丰宁满族自治县，已经正式落地。

朴诚乳业丰宁阳光工厂位于河北丰宁经济开发区，占地面积56 000余平方米，现有全自动化生产线13条，设计日产能可达700吨，是迄今为止全球唯一一家专注于无添加剂低温乳制品生产的工厂。配套牧场位于距离丰宁阳光工厂100余千米的坝上草原，该牧场规划奶牛存栏量12 000余头，原奶年产可达80 000余吨。

目前，朴诚乳业正在湖南省长沙市宁乡市打造华中超级供应链，通过升级并整合原有乳业供应链资源，实现产能辐射华中、西南、华南等地区。

此外，为保证高品质原奶供应，朴诚乳业战略入股顶级原奶供应商—— 澳亚。澳亚拥有先进的牧场运营管理经验，凭借着严苛的奶牛管理体系和牧场选址标准，以高单产、高品质享誉业内，双方在高品质原奶持续供应、现代化牧场养殖技术、高标准牧场选址三方面实现

- 渠道布局

朴诚乳业基于品牌属性与目标群体特征，深度布局精品超市、会员卖场、新零售渠道、电商平台、私域社群等乳业非传统渠道，精准触达消费者。

目前，朴诚乳业已全面入驻天猫、京东等线上平台，线下销售渠道覆盖全国220多个城市。截至2020年12月，朴诚乳业旗下品牌“简爱”在以OLE为代表的精品超市、以麦德龙为代表的会员卖场、以天猫为代表的电商平台以及在以盒马鲜生为代表的新零售渠道中，已成为销量第一的低温酸奶品牌。线上方面，朴诚乳业积累了数量庞大的粉丝群体，截至2022年4月，朴诚乳业线上粉丝数已超千万。

集团研发实力与创新力

- 研发实力

为保证产品质量与市场竞争力，朴诚乳业自建研发团队，目前研发中心面积超过1000平方米，研发团队由100%的硕士及以上学历的高层次人才组成，其中博士占比达到18%。

- 产品创新

经历6年发展，朴诚乳业坚守“为我们的家人和孩子做一杯安心好奶”的创业初心，率先向中国市场推出以无添加纯净配方打造的0蔗糖系列酸奶、益生菌酸奶、儿童酸奶等一系列低温产品，其中0添加裸酸奶、LGG益生菌裸酸奶、低蔗糖裸酸奶、风味饮用型裸酸奶、高蛋白裸酸奶、原味裸酸奶（饮用型）共6款产品被认证为广东省高新技术产品。迄今为止，“生牛乳、糖、乳酸菌”（0蔗糖系列为“生牛乳、乳酸菌、其他没了”）已经成为朴诚乳业最鲜明的产品标签。

社会责任

自成立以来，朴诚乳业一直积极参与公益活动，主动承担企业社会责任。

2020年初新冠肺炎疫情暴发，朴诚乳业第一时间向湖北中医院、中部战区总院、火神山医院等100多家医院及常德市疾控指挥部捐赠价值超过380万元的简爱酸奶，为医护人员的后勤保障提供物资支持。

2021年4月，朴诚乳业助力“唱响爱的分贝”公益活动，联合阿里巴巴公益、爱的分贝公益基金会援助失聪儿童，被授予“爱心体验商家”称号。

2021 年 6 月，广东省广州市出现新增新冠确诊病例，朴诚乳业迅速响应，向广州市辖区内各街道的卫生服务中心、街道办事处、义工中心等近 60 个抗疫一线单位捐赠价值超过 160 万元的简爱酸奶。

企业荣誉

朴诚乳业一直致力于成为一家受人尊敬的低温乳品公司，受到社会、消费者的高度认可和信赖。朴诚乳业先后获得或入选“广东省守合同重信用企业”“高新技术企业”“诚信示范经营认证企业”“福布斯中国高增长瞪羚企业榜”“中国创新成长企业 100 强”“中国乳业新势力企业”等数十项荣誉。

河北乳品产业集群品牌发展愿景

HEBEI DAIRY INDUSTRY CLUSTER BRAND DEVELOPMENT VISION

河北乳品产业集群品牌发展愿景

1.河北乳制品行业的政策机遇

政策引导驱动乳制品行业良性发展。

2019—2021年，中国政府加强了对乳制品行业的政策扶持力度。国务院及各级政府部门发布多项政策，鼓励乳制品行业发展与创新，并为企业提供了健康运行的生产经营环境与明确的市场指引。

数据显示，自2018年以来，截至2021年前三季度，中国乳制品抽检合格率均在99.8%以上，违法添加物三聚氰胺已连续12年未检出。

2.“碳中和”驱动乳制品行业可持续发展

温室气体的大量排放导致全球变暖日益加剧，而乳制品行业的碳排放是全球温室气体排放量上升的主要原因之一。

2017年全球十三大乳制品公司产生了超过3.38亿吨的温室气体，已经超过了两个全球最大的化石燃料排放企业BHP和ConocoPhillips的碳排放量。

我国减排空间大且势在必行。根据世界银行统计，2005年中国超过美国成为世界第一大碳排放国，到2016年，中国碳排放占世界总排放量的29%。

另据国际能源署数据，中国二氧化碳总体排放量从2005年的54.07亿吨增长到2019年的98.09亿吨，增长将近1倍。

从乳制品行业碳排放情况看，根据新西兰AgResearch皇家研究院的全球主要牛奶生产国碳足迹数据，我国生产每千克牛奶排放二氧化碳当量为1.68千克，远高于新西兰0.77千克的二氧化碳当量排放水平。

乳制品行业全产业链积极响应“碳中和”目标。

目前在乳制品行业内，龙头企业，例如,伊利、蒙牛已经纷纷加入低碳生产的行列，成为推动行业转型的主力军。

行业内参与者的具体减排措施包括：养殖端企业，开始重点关注其在环境层面的表现，对废弃物、废水处理、温室气体的排放情况、对生态的潜在影响，以及对动物疾病等方面的相应措施；加工端企业加大对加工制造过程中的能耗情况、废气排放情况、固体废弃物处理，以及生产安全情况等方面的关注与改善力度。

在国家“双碳”目标下，行业监管将逐渐趋严，乳制品企业绿色转型，也将成为行业主流趋势。符合趋势才能为企业带来持续增长，未来必将有越来越多的乳制品企业注重低碳发展，承担相应社会责任，结合自身情况制定可持续发展目标，对减排的具体措施等方面进行有益探索。

3.国产乳制品行业未来的四大趋势

趋势一:产品结构不断优化

消费升级加之新冠肺炎疫情冲击，消费者的消费观念和购物行为发生改变，高品质、健康化、功能性产品受到追捧。

为适应新的消费趋势，乳制品企业需要在新品推出上，调动研发资源，结合对更多的消费场景和消费需求的研究，全面打造符合市场理念的产品；在产品质量上，从资源采购、生产加工、物流存储、渠道、数字化升级等方面全面完成质量监督与把控；在产业链上，上游注重优质奶源的布局，下游注重健康成分的宣传和市场教育。

趋势二:产品高端化、功能化

随着消费者对高质量产品和服务的需求增加，高端市场持续创新。

乳企纷纷通过推出新口感、增加新菌种、新添加物等，打造出蛋白质含量更高、营养物质更丰富、奶源更优质的高端产品，迎合消费者需求。如推出有机、A2蛋白、高端低温酸奶等，并增加了更多属性和口味满足不同消费者的需求，同时切入具体消费场景，打开市场空间。

个性化需求增加，市场进入细分阶段，乳企针对特定人群进一步细分，通过配方、工艺的升级，向目标市场提供更多功能性产品。如为减肥群体提供具有瘦身功效的代餐奶昔，为适应儿童、老人肠胃与体质提供的助消化乳品等，均体现出了个性化需求，而非大众需求。

随着传统乳品进入增长瓶颈期，高端化、功能化将成为行业重要创新点与增长点。

趋势三:市场竞争日趋激烈,行业集中度提升

乳品高端化发展使国产品牌与国际品牌直接展开竞争。

国内品牌以技术创新为核心的新产品加速推出，向高端市场持续扩张；国外品牌凭借成熟的产品力，与超强的品牌优势，继续冲击国内一、二线市场，并向三、四线市场渗透，国内外品牌竞争激烈。

未来，中美贸易协定一旦签署，国外的大量成品、新品以更低的价格出现在中国市场，市场竞争的激烈程度将进一步加剧。

传统乳品增长趋缓，市场处于存量竞争阶段。龙头企业一方面凭借更强的资源优势与规模效益，进一步提升市场份额。另一方面，为寻求新增长，与网红、中小品牌抢占市场份额，使细分市场竞争愈演愈烈，加速盈利不佳的中小企业出局。

龙头品牌市场下沉，区域乳企背水一战。龙头企业为保持收入、利润的稳定增长，对任何一个市场增长都十分关注，未来加大布局与投入，区域乳企将直面龙头品牌的挑战。龙头品牌拥有更强大的营销资源投入、市场铺货能力及品牌认知优势，区域乳企的创新性、灵活性、对本土市场更加熟悉同样是重要优势。区域乳企与龙头品牌的竞争虽避无可避，但并非是一场全无把握的仗。

趋势四:数字化营销高速发展

乳制品行业新品能否推广成功，各类产品所能得到的市场份额，在很大程度上取决于终端渠道对产品的支持力度。

但现实情况是，终端门店普遍会选择相对稳妥的老牌畅销品牌，作为主要推荐产品，很少会对一款新品或其他产品倾其全力推广。

后疫情时代下，线下终端门店的生存成本增加，此类情况更加突出。

与此同时，新冠肺炎疫情期间，随着用户在微博、抖音、B站、小红书等社交媒体平台停留时间越来越长，乳品品牌在社交媒体平台投放力度开始持续增加，通过在微博发布促销信息、制造话题吸引消费者关注与传播；在抖音、快手、小红书、B站合作KOL发布创意短视频、种草笔记完成消费群体渗透，并培养消费者认知；进入大网红大V主播直播间实现转化，以获得品效协同发展。

随着品牌对消费者的信息传播和沟通趋向线上化，消费者对线上渠道的信任感增强，数字营销方式被催化。未来更多实体门店的营销方式将转移至线上，以短视频、直播、私域运营等数字营销方式协助乳品的推广与市场扩张。

线下实体便捷化配送服务，线上推广订单多元化完善品牌价值！